Kill Knight
Spielanleitung

Beherrsche den unheimlichen Abgrund, von Anfängertipps bis hin zu Meistermodus-Strategien

Adams O. Pete

Verzichtserklärung

Dieser inoffizielle Leitfaden für Kill Knight dient nur zu Bildungs- und Unterhaltungszwecken. Die Autoren und Herausgeber dieses Buches sind nicht mit den Schöpfern, Entwicklern oder Herausgebern von Kill Knight verbunden, werden von ihnen nicht unterstützt oder sind in irgendeiner Weise offiziell mit ihnen verbunden. Alle Marken, Charaktere, Orte und Spielinhalte, auf die in diesem Leitfaden Bezug genommen oder abgebildet wird, sind Eigentum ihrer jeweiligen Inhaber. Die Verwendung solchen Materials fällt unter die "Fair Use"-Richtlinien und dient ausschließlich dem Zweck, den Spielern von Kill Knight Informationen und Anleitungen zur Verfügung zu stellen. Die in diesem Leitfaden enthaltenen Informationen basieren auf persönlichen Spielerfahrungen, Community-Wissen und öffentlich zugänglichen Informationen zum Zeitpunkt des Schreibens. Obwohl alle Anstrengungen unternommen wurden, um die Richtigkeit und

Vollständigkeit der präsentierten Informationen zu gewährleisten, kann das Spiel Updates, Patches oder Änderungen erfahren, die einige Informationen veraltet oder ungenau machen könnten.

Die in diesem Leitfaden beschriebenen Strategien, Tipps und Techniken sind nur Vorschläge. Dein Erfolg im Spiel hängt von verschiedenen Faktoren ab, einschließlich, aber nicht beschränkt auf persönliche Fähigkeiten, Spielstil und Spielupdates. Die Autoren und Herausgeber können keine spezifischen Ergebnisse oder Erfolge garantieren, die auf der Verwendung dieses Leitfadens basieren. Durch die Nutzung dieses Leitfadens erkennen Sie an, dass die Autoren und Herausgeber nicht für Schäden oder Verluste haftbar gemacht werden können, die sich aus der Verwendung oder dem Missbrauch der hierin enthaltenen Informationen ergeben. Es wird empfohlen, dass der Spieler diskret bleibt. Kill Knight kann Inhalte enthalten, die nicht für alle Altersgruppen geeignet sind. Eltern und Erziehungsberechtigte sollten die offiziellen

Bewertungen und Inhaltsbeschreibungen des Spiels überprüfen, bevor sie Minderjährigen das Spielen erlauben. Denken Sie daran, während des Spiels regelmäßig Pausen einzulegen und Ihr körperliches und geistiges Wohlbefinden in den Vordergrund zu stellen. Genieße deine Reise durch den Eldritch Abyss und möge dir dieser Leitfaden bei deinem Bestreben, der ultimative Kill Knight zu werden, gute Dienste leisten!

Copyright © 2024 von Patrick O. Ken

Alle Rechte vorbehalten.

Kein Teil dieser Veröffentlichung darf ohne vorherige schriftliche Genehmigung des Herausgebers in irgendeiner Form oder mit irgendwelchen Mitteln, einschließlich Fotokopieren, Aufzeichnen oder anderen elektronischen oder mechanischen Methoden, vervielfältigt, verteilt oder übertragen werden, es sei denn, es handelt sich um kurze Zitate, die in kritischen Rezensionen enthalten sind, und bestimmte andere nicht-kommerzielle Nutzungen, die nach dem Urheberrecht zulässig sind. Für Berechtigungsanfragen wenden Sie sich bitte an den Herausgeber unter der unten angegebenen Adresse.

Inhaltsverzeichnis

EINFÜHRUNG IN KILL KNIGHT 9

KAPITEL 2 18

    ERSTE SCHRITTE: GRUNDLAGEN UND STEUERELEMENTE 18
        Plattformspezifische Steuerungsschemata 19
        Umsetzung der Steuerung in Spieleffizienz 26
        Praxis und Adaption 31

KAPITEL 2 33

    BEHERRSCHUNG DER GAMEPLAY-MECHANIK 33
        Rasante Kämpfe 34
        Bewegung: Fluidität ist der Schlüssel 36
        Kill Power nutzen 39
        Ressourcenmanagement: Gesundheit, Munition und mehr. 41
        Strategisches Denken im Kampf 43
        Aufbau von Selbstvertrauen und Meisterschaft 45

KAPITEL 3 47

    LAYER-WALKTHROUGHS 47
        Erste Ebene: Das Wiedererwachen 48
        Schicht zwei: Hallen der Qual 51
        Schicht drei: Die Abgründe der Verzweiflung 54
        Schicht vier: Der unheimliche Nexus 56
        Schicht Fünf: Der letzte Abstieg 59

KAPITEL 5 64

    FORTGESCHRITTENE KAMPFSTRATEGIEN 64
        Die Schwächen des Gegners verstehen 65
        Die Kunst des Abwedelns und Positionierens 68

Verkettung von Ausführungen für optimalen Ressourcengewinn 70
Waffenkombinationen für jedes Szenario 72
Szenariobasierte Strategien 74
Die Denkweise eines Elite-Ritters 77

KAPITEL 5 80

BOSSKÄMPFE: EIN VOLLSTÄNDIGER LEITFADEN 80
Boss 1: Der Torwächter 81
Boss 2: Der schreiende Vorbote 85
Boss 3: Der Abgrundwächter 89
Boss 4: Der verderbte Titan 92
Boss 5: Der letzte Engel 96

KAPITEL 6 102

WAFFEN UND ARSENAL ENTFESSELT 102
Übersicht über die Waffentypen 103
Waffen freischalten und aufrüsten 109
Experimentieren mit Loadouts 112
Maximierung der Effektivität mit Kombos 115
Experimentieren und Adaption 116

KAPITEL 8 119

ÜBERLEBENSSTRATEGIEN: VOM ANFÄNGER- BIS ZUM MEISTERMODUS 119
Adaption von Strategien für verschiedene Schwierigkeitsstufen 120
Meister-Modus: Eroberung des Abgrunds 125
Bewegen und Positionieren im Master-Modus 129
Mindset: Nehmen Sie die Herausforderung an 132
Tipps zum letzten Überleben 134

KAPITEL 8 136

PUNKTEVERGABE UND DOMINANZ IN DER RANGLISTE 136

    Das Punktesystem verstehen 137
    Punkte sammeln und Highscores aufbauen 138
    Globale Bestenlisten-Funktion 143
    Spezifische Strategien für Highscores 145
    Motivation: Streben nach Vorherrschaft in der Rangliste. 149

KAPITEL 9 154

  Erfolge und Herausforderungen im Spiel 154
    Liste der Errungenschaften 155
    Herausforderungen im Spiel 161
    Tipps zum Freischalten von Erfolgen und Abschließen von Herausforderungen 165

KAPITEL 10 168

  FAQs und häufige Probleme mit Spielern 168
    Häufige Fragen und Lösungen 168
    Abschließende Zusicherungen 176

KAPITEL 11 178

  Abschliessende Ratschläge zur Eroberung des Abgrunds 178
    Schlüsselstrategien zum Überleben 178
    Motivierende Empfehlung 181
    Werden Sie Teil der Community 183

KAPITEL 13 185

  Anhang 185
    Glossar der Schlüsselbegriffe 185
    Waffen- und Feindverzeichnis 187
    Zusätzliche Ressourcen 191

Einführung in Kill Knight

Willkommen, tapferer Krieger, im unheimlichen Abgrund von *Kill Knight*. Dies ist kein gewöhnlicher Shooter - es ist ein immersiver Abstieg in die Dunkelheit, eine Reise, die wilde Kämpfe, düstere Geschichten und eine gespenstische Welt kombiniert, die dich mit ihren Geheimnissen und Gefahren in ihren Bann zieht. Hier bist du nicht nur ein weiterer Spieler – du bist ein wiederbelebter Ritter, der verraten und in einen gnadenlosen Abgrund geworfen wurde, mit einer einzigartigen Mission: den letzten Engel zu töten und diesem Kreislauf der Qual zu entkommen. Lassen Sie uns gemeinsam auf diese Reise gehen, und mögen Sie auf diesem Weg sowohl Sinn als auch Meisterschaft finden.

Kill Knight beginnt mit einer kraftvollen, eindringlichen Geschichte: Du, einst ein stolzer Ritter, wurdest von denen verraten, denen du am meisten vertraut hast. Jetzt zu einer Ewigkeit des Leidens verdammt, ist dein Körper nichts anderes als ein entweihter Leichnam, der von einer verfluchten Rüstung zusammengehalten wird. Dieser Ritter ist weder ein Held noch ein Bösewicht, sondern etwas dazwischen – angetrieben von einer Mischung aus Rache und Überlebensinstinkt. Dieses Gefühl der Mehrdeutigkeit ist entscheidend. Es erweckt das Gefühl, Teil von etwas zu sein, das größer ist als man selbst – eine dunkle Legende, die man als Spieler mit seinen Handlungen und Entscheidungen ausleben wird.

Eine von Schatten geformte Welt

Die Welt von *Kill Knight* ist anders als alles, was du bisher erlebt hast. Das Spiel spielt in einer unheimlichen Arena, die genauso dein Feind ist wie die Kreaturen, die sie hält. Stellen Sie sich eine Leere vor, in der das Licht kaum flackert und lange, tanzende Schatten auf groteske Strukturen wirft, die sich aus der endlosen Dunkelheit erheben. Die Atmosphäre ist durchtränkt von Verfall – bröckelnde

Türme, Brücken, die über Abgründe schweben, verdrehte Überreste einer alten Zivilisation, die von alten, vergessenen Schlachten erzählen. Diese Welt heißt dich nicht willkommen – sie will aktiv, dass du scheiterst, und alles in ihr wird deine Entschlossenheit auf die Probe stellen.

Aber das ist auch ein Teil dessen, was *Kill Knight* so fesselnd macht. Im Gegensatz zu Shootern, bei denen die Umgebung nur als Kulisse dient, ist sie hier ein lebendiges, atmendes Element des Gameplays. Die Kulisse ist ein labyrinthartiger Abgrund voller enger Gänge, plötzlicher Stürze und Arenen, die für das Chaos gebaut sind. Du musst lernen, die Umgebung zu deinem Vorteil zu nutzen – sei es, dass du Feinde von Vorsprüngen schubst, in Deckung gehst, um tödlichen Projektilen auszuweichen, oder dich durch verschlungene Pfade manövrierst, um einer Horde zu entkommen.

Kein typischer Shooter

Um es klar zu sagen: *Kill Knight* ist kein gewöhnlicher Action-Shooter. Es nimmt das Beste aus klassischen Arcade-Shootern – schnelle Reflexe, präzises Zielen und ein unerbittliches Tempo – und bietet eine tiefe, taktische Kante. Es geht nicht nur darum, sich durch Feinde zu schießen. Du musst schnell denken, deine Umgebung analysieren und entscheiden, ob du aggressiv voranstürmst oder einen kalkulierteren Ansatz wählst.

Eine Sache, die sofort auffällt, ist der Kampfstil. *Kill Knight* belohnt Spieler dafür, dass sie aggressiv bleiben – eine ungewöhnliche Wendung im Vergleich zu den typischen deckungsbasierten Schießmechaniken, die wir in modernen Titeln sehen. Das Kill Power-System motiviert dich, weiter voranzukommen und den Druck auf deine Feinde aufrecht zu erhalten. Es dreht sich alles um Risiko und Belohnung: Je mehr Feinde du tötest, ohne zu pausieren, desto stärker und schneller wirst du. Es ist eine berauschende Erfahrung, wenn man in diesen "Killstream" gerät – einen Flow-Zustand, in dem jeder deiner Bewegungen perfekt getimt ist, jeder Schuss ankommt und du unantastbar bist.

Aber täuschen Sie sich nicht, das Spiel wird das Zögern bestrafen. Wenn du langsamer wirst, wenn du schüchtern oder schlampig wirst, wird dich der Abgrund ganz verschlingen. Dies ist ein Spiel, das dich herausfordert, seinen Rhythmus anzunehmen – eins mit dem Kampf zu werden. Je mehr du dich in das Chaos hineinlehnst, desto lohnender wird es.

Die Ästhetik der Brutalität

Visuell ist *Kill Knight* eine Hommage an die Arcade-Shooter der 90er Jahre, kombiniert mit der düsteren, minimalistischen Ästhetik des unheimlichen Horrors. Es ist roh, düster und trieft vor Atmosphäre. Die Farben sind größtenteils gedämpft – Schwarz, Grau und Purpurrot – und schaffen ein visuelles Erlebnis, das sowohl retro als auch frisch ist und an Brutalität der alten Schule erinnert, aber einen modernen Touch hat. Die Lo-Fi-Grafik hat etwas fast

Hypnotisches an sich – jedes Flackern des Lichts, jeder schattige Korridor fühlt sich bewusst so an, dass es dich in Atem hält, damit du gerade genug sehen kannst, was vor dir liegt, ohne dass du dich jemals wohl fühlst.

Der Soundtrack verstärkt diese Spannung noch weiter. Es ist gefüllt mit schweren, vom Metal inspirierten Beats, die die Dringlichkeit des Kampfes vorantreiben, gepaart mit Momenten unheimlicher Stille, die dein Herz ein bisschen härter klopfen lassen. Beim Sounddesign geht es nicht nur darum, Atmosphäre zu schaffen; Es ist ein Werkzeug, das dich tiefer in das Universum des Spiels zieht und dich in die erstickende Dunkelheit des Abgrunds eintauchen lässt.

Beim Überleben geht es nicht nur ums Schießen

Im Gegensatz zu vielen Shootern, die sich in erster Linie auf die schiere Feuerkraft konzentrieren, *geht es bei Kill Knight* auch um das strategische Überleben.

Das Spiel zwingt dich, schwierige Entscheidungen zu treffen. Munition und Gesundheitspakete sind begrenzt, die Feinde sind unerbittlich und jede Entscheidung zählt. Solltest du dich für eine schnelle Hinrichtung entscheiden, um deine Gesundheit wieder aufzufüllen, oder solltest du deine Ausdauer für den nächsten großen Kampf aufsparen? Diese Entscheidungen sorgen dafür, dass sich das Spiel lebendig anfühlt – jede Entscheidung hat Konsequenzen, jeder Sieg fühlt sich hart verdient an.

Als wiederbelebter Ritter trägst du auch ein vielfältiges Arsenal, aber es effektiv zu verwalten, wird Teil der Herausforderung. Du musst lernen, welche Waffen gegen bestimmte Feinde am effektivsten sind und wann du mitten im Kampf die Taktik wechseln solltest. Meisterschaft entsteht durch Übung, durch Versuch und Irrtum, durch die Konfrontation mit Niederlagen und das Lernen aus ihr. Es geht nicht darum, es beim ersten Mal richtig zu machen – es geht darum, sich anzupassen, beharrlich zu bleiben und zu dem Albtraum zu werden, den selbst der Abgrund fürchtet.

Die Mission: Töte den letzten Engel

Deine Mission, so einfach es auch klingt, ist es, "den letzten Engel zu töten". Doch diese Reise ist alles andere als geradlinig. Es ist eine Quest, bei der du nicht nur gegen die unheimlichen Schrecken kämpfen musst, die sich dir in den Weg stellen, sondern auch gegen dein eigenes Gefühl des Zweifels. Du wirst Momente des Triumphs spüren, wenn du dich aus jeder Schlacht erhebst, Momente der Angst, wenn du dich überwältigenden Widrigkeiten stellst, und Momente purer Entschlossenheit, wenn der Abgrund endlos scheint. Es sind diese emotionalen Höhen und Tiefen, die *Kill Knight* zu mehr als nur einem Spiel machen – es ist ein Erlebnis.

Was vor uns liegt

In diesem Leitfaden führen wir Sie durch jede Wendung des Abgrunds. Wir behandeln jede Schicht, jeden Feindtyp, jede Waffe und alle Strategien, die du brauchst, um nicht nur zu überleben, sondern auch erfolgreich zu sein. Egal, ob Sie ein Anfänger sind, der versucht, sich zurechtzufinden, oder ein erfahrener Spieler, der auf die Bestenlisten abzielt, dieser Leitfaden ist hier, um Sie mit den Werkzeugen und dem Wissen auszustatten, um die bevorstehenden Herausforderungen zu meistern.

Denke daran, der Abgrund ist unerbittlich, aber du bist es auch. Während du tiefer in diese korrupte Welt hinabsteigst, wird jeder noch so kleine Sieg ein Beweis für dein Können, deine Ausdauer und deine Fähigkeit sein, die Dunkelheit zu überwinden.

Also, Ritter, nehmt Eure Rüstung auf, wappnet Euch für die Reise und lasst uns beginnen. Der Abgrund wartet, und nur die Stärksten werden es schaffen.

Kapitel 2

Erste Schritte: Grundlagen und Steuerelemente

In *Kill Knight* beginnt der Erfolg mit der Beherrschung der Grundlagen. Bevor du überhaupt in den Abgrund steigst, ist es wichtig zu wissen, wie du dich bewegen, kämpfen und reagieren kannst. In diesem Kapitel erfährst du mehr über die Steuerungsschemata für die einzelnen Plattformen – PC, PlayStation, Xbox und Switch – und erklärst, wie sie sich in praktische Spielstrategien umsetzen lassen. Ziel ist es, sicherzustellen, dass Spieler aller Spielstärken, egal ob Anfänger oder erfahrene Spieler, sich in der unheimlichen Arena effektiv zurechtfinden und das Beste aus ihren Fähigkeiten herausholen können.

Plattformspezifische Steuerungsschemata

In den folgenden Abschnitten finden Sie einen detaillierten Überblick über die Steuerelementeinstellungen auf verschiedenen Plattformen. Wenn du diese Steuerung in- und auswendig kennst, verschafft dir das einen erheblichen Vorteil, wenn du in *der gnadenlosen Welt* von Kill Knight gegen Feinde kämpfst.

PC-Steuerung

- **Uhrwerk**:
    - Verwenden Sie die **Tasten W, A, S, D** für die Bewegung.
    - **Die Umschalttaste** ermöglicht es Ihnen, zu sprinten, was entscheidend ist, um Entfernungen zu verkürzen oder schwerem Beschuss zu entkommen.

- - Mit der **Strg-Taste** können Sie sich ducken, was hilfreich ist, um eine Entdeckung zu vermeiden und Ihre Hitbox zu reduzieren.
- **Kampf:**
  - **Ein Mausklick mit der linken Maustaste** feuert deine Primärwaffe ab.
  - **Der Mausklick mit der rechten Maustaste** dient zum präzisen Zielen, ideal für den Umgang mit härteren Gegnern oder das Zielen auf Schwachstellen.
  - **Die Leertaste** ist deine Ausweichmechanik, mit der du Angriffen ausweichen kannst – das Timing deiner Ausweichmanöver ist entscheidend, um Schaden zu vermeiden.
- **Spezielle Aktionen:**

- **Drücke R**, um deine Waffe nachzuladen – stelle sicher, dass du in kurzen Pausen nachlädst, um zu vermeiden, dass dir in einem kritischen Moment die Munition ausgeht.
- **E** interagiert mit Umgebungselementen wie Türen oder Hebeln, während **Q** einen Nahkampfangriff auslöst, wenn sich Feinde in Reichweite befinden.
- Benutze **1-4,** um die Waffen zu wechseln, je nach deinen taktischen Bedürfnissen. **F** ist für die Ausführung von Finishing-Moves reserviert, die für die Ressourcenrückgewinnung und das schnelle Beenden von Feinden unerlässlich sind.
- Aktiviere **Kill Power** mit **G**, wenn du voll aufgeladen bist – wenn du sie zur richtigen Zeit einsetzt, kann das den Unterschied zwischen Sieg und Niederlage ausmachen.

PlayStation-Steuerung

- **Uhrwerk:**
    - **Der linke Stick** steuert die Bewegung, während der **rechte Stick** zum Anpassen des Blickwinkels verwendet wird.
    - Drücke den **linken Stick**, um zu sprinten, eine Aktion, die nicht nur Lücken schließt, sondern auch hilft, den Druck auf die Feinde aufrechtzuerhalten.
- **Kampf:**
    - **R2** feuert deine Hauptwaffe ab, und **L2** hilft dir, auf Genauigkeit zu zielen.
    - **Das Quadrat** wird zum Nachladen verwendet – wenn du diese Aktion richtig timst, kannst du verhindern, dass du verwundbar wirst.
    - **Circle** ist zum Ausweichen. Nutze dies, um Schaden zu vermeiden,

insbesondere gegen sich schneller bewegende Feinde oder Projektile.
- **Spezielle Aktionen**:
  - **Das Dreieck** wechselt zwischen deinen verfügbaren Waffen und **X** wird verwendet, um mit der Umgebung zu interagieren.
  - **R1** liefert einen Nahkampfangriff, der nützlich ist, wenn Gegner zu nahe kommen. **L1** aktiviert Kill Power und gibt dir einen Schub an Geschwindigkeit und Kraft, um mit überwältigenden Bedrohungen fertig zu werden.
  - Verwende **Dreieck,** um Exekutionen an geschwächten Gegnern durchzuführen – diese Hinrichtungen sind wichtig, um deine Gesundheit aufzufüllen oder andere Belohnungen zu erhalten.

Xbox-Steuerung

- **Uhrwerk:**
    - **Der linke Stick** bewegt deinen Charakter, während der **rechte Stick** die Kamera steuert.
    - Drücke **den linken Stick**, um zu sprinten, was besonders hilfreich ist, wenn du eine Menge von Feinden bekommst.
- **Kampf:**
    - **RT** feuert deine Waffe ab und **LT** wird zum Zielen verwendet.
    - **X** lädt deine Waffe nach und **B** wird zum Ausweichen verwendet.
- **Spezielle Aktionen:**
    - **Y** wechselt die Waffen und **A** wird für die Interaktion mit Objekten in der Umgebung verwendet.
    - **RB** ist für Nahkampfangriffe gedacht – effektiv, wenn die Munition knapp wird oder auf engstem Raum vorhanden ist. **LB** wird verwendet, um deine Kill

Power zu aktivieren, um deine Kampffähigkeiten vorübergehend zu erhöhen.
- Hinrichtungen werden durch Drücken von **Y durchgeführt**, wenn Sie dazu aufgefordert werden, was eine strategische Gesundheits- und Munitionswiederherstellung ermöglicht.

Nintendo Switch-Steuerung

- **Uhrwerk**:
    - **Der linke Joy-Con-Stick** bewegt deinen Charakter, während der **rechte Stick** zum Zielen verwendet wird.
- **Kampf**:
    - **ZR** feuert deine Waffe ab, während **ZL** präzises Zielen ermöglicht.
    - Laden Sie mit **Y nach** und weichen Sie mit **B aus**.
- **Spezielle Aktionen**:

- **X** wechselt zwischen den Waffen und **A** interagiert mit der Umgebung.
- **R** führt einen Nahkampfangriff aus, während **L** deine Kill Power aktiviert.
- Verwende **X**, um Feinde zu exekutieren und wertvolle Ressourcen zu erhalten.

Umsetzung der Steuerung in Spieleffizienz

Jetzt, da du mit den Steuerungsschemata vertraut bist, ist es an der Zeit, darüber zu sprechen, wie sie sich in ein effektives Gameplay umsetzen lassen. *Kill Knight* ist ein Spiel, das Präzision, Aggressivität und effiziente Bewegungen belohnt – all das hängt von deiner Beherrschung der Steuerung ab.

Fließende Bewegungen

In der unheimlichen Welt von *Kill Knight* ist deine Bewegung ein Rettungsanker. Der richtige Einsatz der Bewegungsmechanik kann den Unterschied zwischen einem triumphalen Sieg und einem schnellen Tod ausmachen.

- **Ausweichen, um am Leben zu bleiben**:
  - Die Ausweichmechanik ist auf allen Plattformen verfügbar – **Leertaste** für PC, **Circle** für PlayStation, **B** für Xbox und **B** für Switch. Beim Ausweichen geht es nicht nur darum, Schaden zu vermeiden. Es geht darum, sich für einen Gegenangriff neu zu positionieren. Wenn du im richtigen Moment ausweichst, kannst du auch hinter Feinde gelangen, wo sie am verwundbarsten sind.
- **Sprinten für den taktischen Vorteil**:
  - Sprinten ist sowohl für den Angriff als auch für die Verteidigung unerlässlich. Egal, ob du **auf dem PC die Umschalttaste** drückst oder auf Konsolen auf den **linken Stick klickst**, der Sprint ist entscheidend, um die

Lücke zwischen dir und einem Ziel zu schließen, um eine aggressive Haltung zu bewahren. *Kill Knight* ist ein Spiel, das Spieler belohnt, die den Druck aufrechterhalten, also sprinte, um den Feinden keine Chance zu geben, sich neu zu gruppieren.

- **Steuern der Kamera für das Situationsbewusstsein:**
  - Auf Konsolen ist der **rechte Stick** dein wichtigstes Werkzeug, um das Bewusstsein zu erhalten. Versuche immer, potenzielle Bedrohungen im Auge zu behalten, besonders in Arenen mit mehreren feindlichen Eintrittspunkten. Die Beherrschung der Kamerasteuerung ist unerlässlich, um feindliche Angriffe zu antizipieren und eigene Angriffe zu planen.

Effizienz im Kampf

Bei effizienten Kämpfen in *Kill Knight* geht es nicht nur darum, deine Waffe auf den Feind zu entladen, sondern auch um Timing, Ressourcenmanagement und kluge taktische Entscheidungen.

- **Kombination von Fernkampfangriffen mit Nahkampfexekutionen:**
    - Während Fernkampfangriffe dein Brot und Butter sind, sind Nahkampfhinrichtungen ein entscheidendes Element, um am Leben zu bleiben. Durch Hinrichtungen werden Feinde nicht nur schnell erledigt, sondern du wirst auch mit Gesundheit, schwerer Munition oder einem vorübergehenden Schadensbuff belohnt. Es ist wichtig zu lernen, wann du vom Fernkampf zum Nahkampf wechseln musst – vor allem in engen Situationen, in denen du Ressourcen zum Überleben brauchst.

- **Aktivierung der Kill Power zum perfekten Zeitpunkt:**
    - Kill Power, die deine Geschwindigkeit und deinen Schaden erhöht, kann das Spiel verändern, besonders bei Bosskämpfen oder wenn du von Feinden umgeben bist. Aktivieren Sie es in Momenten hoher Anspannung – z. B. wenn ein Chef verwundbar ist oder wenn Sie Gefahr laufen, überwältigt zu werden. Timing ist alles; Der Einsatz von Kill Power zu früh oder zu spät kann einen entscheidenden Unterschied machen.
- **Strategisches Nachladen:**
    - Wenn du zu einem ungünstigen Zeitpunkt nachlädst, kannst du anfällig für Angriffe werden. Wann immer möglich, lade in Kampfpausen nach – wie nach einem erfolgreichen Ausweichen oder beim

Neupositionieren. In *Kill Knight* ist es ein schneller Weg, deine Reise zu beenden, wenn dir die Munition ausgeht, während du umzingelt bist, also behalte deine Munition im Auge und lade sie intelligent nach.

Verwenden der Umgebung

Die unheimliche Umgebung ist nicht nur eine Kulisse – sie ist ein wesentlicher Bestandteil des Überlebens. Nutze enge Korridore, um Feinde in die Enge zu treiben, Umweltgefahren zu deinem Vorteil und höhere Plattformen, um zu entkommen, wenn es überwältigend wird. Wenn du das Layout jeder Arena lernst, kannst du dich strategischer bewegen und effektiver kämpfen.

Praxis und Adaption

Die in diesem Kapitel behandelten Kontrollen und Strategien sind die Grundlage für das Überleben des

Abgrunds. Aber denken Sie daran, Meisterschaft entsteht durch Wiederholung. Jede Niederlage ist eine Chance, zu lernen und sich zu verbessern. Je vertrauter du dich mit der Steuerung fühlst, desto flüssiger wird dein Gameplay sein – und der Abgrund ist ein Ort, an dem Präzision und Geschwindigkeit belohnt werden.

Übe den Wechsel zwischen den Waffen, die Integration von Nahkampfangriffen in deine Strategie und das perfekte Timing deiner Ausweichmanöver. *Kill Knight* ist ein Spiel voller unerbittlicher Herausforderungen, aber wenn du diese Grundlagen beherrschst, hast du das Zeug dazu, dich gegen die Dunkelheit zu wehren und dir in der Bestenliste einen Namen zu machen.

Mit diesen Steuerelementen sind Sie jetzt gerüstet, um in den Abgrund zu steigen und Ihre Reise zu beginnen. Im Laufe des Spiels werden Sie mit jedem Kapitel Ihre Fähigkeiten weiter verbessern und sich auf die brutalen Herausforderungen vorbereiten, die *Kill Knight* auf Sie zukommen lässt.

Kapitel 2

Beherrschung der Gameplay-Mechanik

Willkommen zurück, tapferer Ritter. Inzwischen bist du bereit, über die Grundlagen hinauszugehen und in die Kernmechaniken einzutauchen, die deine Reise durch den Abgrund von *Kill Knight bestimmen werden*. In diesem Kapitel geht es um mehr als nur das Drücken von Knöpfen – es geht darum, zu verstehen, wie du die Fähigkeiten und Waffen deines Charakters voll ausschöpfen kannst, um jede Bewegung in einen Vorteil und jeden Schuss in ein Machtstatement zu verwandeln. Die Beherrschung dieser Spielmechaniken ist der Schlüssel, um in dieser dunklen, unerbittlichen Arena nicht nur zu überleben, sondern auch zu gedeihen. Schauen wir uns an, wie du Kampf, Bewegung, Kill Power und

Ressourcenmanagement meistern kannst, um eine unaufhaltsame Kraft im Abgrund zu werden.

Rasante Kämpfe

Bei Kill Knight geht es nicht darum, sich zurückzulehnen und auf Nummer sicher zu gehen – es ist ein Spiel, das diejenigen belohnt, die den Kampf zum Feind tragen. Die Kämpfe sind auf Schnelligkeit ausgelegt und verlangen von den Spielern, aggressiv zu bleiben. Im Gegensatz zu anderen Shootern, in denen Deckung ein Zufluchtsort ist, *ist in Kill Knight* das Zögern dein Feind. Du musst ständig in Bewegung sein, ständig angreifen, ausweichen und ausführen. Dies erfordert, dass du dir immer deiner Umgebung und des Kampfablaufs bewusst bist.

- **Bleib in der Offensive**: In den meisten Shootern gibt es die Tendenz, in Deckung zu gehen und auf den richtigen Moment zu warten. In *Kill Knight* ist der richtige Moment immer jetzt. Das Kampfsystem des Spiels belohnt dich, wenn du deine Aggression aufrechterhältst. Je mehr Feinde du kurz hintereinander besiegst, desto höher wächst deine Kill Power, was sowohl deine Geschwindigkeit als auch deinen Schaden erhöht. Jeder getötete Feind ist nicht nur eine Bedrohung weniger – es ist ein Schritt in Richtung mehr Macht.

- **Erlernen des Gegnerverhaltens**: Jeder Feind in *Kill Knight* hat seine eigenen Angriffsmuster und Schwächen. Nimm dir Zeit, um zu lernen, wie verschiedene Feinde reagieren – einige stürmen direkt auf dich zu, während andere sich zurückhalten und Fernkampfangriffe starten. Wenn Sie diese Verhaltensweisen verstehen, können Sie Ziele effektiv priorisieren. Du könntest dich zum Beispiel dafür entscheiden, zuerst einen schwächeren Feind auszuschalten, um Kill Power aufzubauen, oder du konzentrierst dich auf einen gefährlichen Fernkampfgegner, der deine Gesundheit verringert.

- **Kombos und Hinrichtungsbewegungen**: Einer der befriedigendsten Aspekte von *Kill Knight* ist das Aneinanderreihen von Kombos und das Exekutieren von Feinden. Deine Nahkampfausführung ist nicht nur zur Show; Es ist ein wichtiges Werkzeug zum Überleben. Wenn du eine Hinrichtung zum richtigen Zeitpunkt durchführst, kannst du deine Gesundheit auffüllen oder deine Munition erhöhen, sodass du länger im Kampf bleibst. Greife nicht nur gedankenlos an – beobachte, wann Feinde verwundbar sind, und nutze deine Ausführung, um das Blatt im Kampf zu wenden.

Bewegung: Fluidität ist der Schlüssel

Bewegung ist die Grundlage von allem, was du in *Kill Knight tust*. Egal, ob du sprintest, um die Lücke zu einem Feind zu schließen, oder ausweichst, um einem tödlichen Angriff auszuweichen, die Beherrschung der Bewegung wird dich am Leben halten, wenn der Abgrund am brutalsten ist.

- **Ausweichen und Positionieren**: Ausweichen ist eine Kernmechanik, die es dir ermöglicht, eingehenden Schaden zu vermeiden und dich gleichzeitig vorteilhaft zu positionieren. Ein gut getimtes Ausweichen kann den Unterschied zwischen Leben und Tod ausmachen, besonders in Bosskämpfen. Aber beim Ausweichen geht es nicht nur darum, aus dem Weg zu gehen, sondern auch darum, sich in die beste Position für einen Gegenangriff zu versetzen. Wenn du ausweichst, versuche, dich hinter Feinde zu bewegen oder dich in eine Position zu begeben, in der ihre Verteidigung am schwächsten ist. In manchen Begegnungen kann das Ausweichen in Richtung eines Feindes statt weg dich in die perfekte Position für einen schnellen

Nahkampftreffer oder eine Hinrichtung bringen.

- **Sprint für Aggression**: Sprinten hilft dir, den Druck auf deine Feinde aufrechtzuerhalten. Es ist nicht nur nützlich, um sich auf dem Schlachtfeld zurechtzufinden, sondern auch, um die Distanz zwischen dir und einem Gegner zu verringern. In *Kill Knight* kann es gefährlich sein, Feinde neu gruppieren oder sich von dir entfernen zu lassen. Nutze den Sprint, um in unmittelbarer Nähe zu bleiben, wo du deinen Schadensausstoß maximieren und in der Offensive bleiben kannst.
- **Bewusstsein für die Umgebung**: Der unheimliche Abgrund ist voller Vorsprünge, enger Passagen und weit geöffneter Arenen. Nutzen Sie diese Umgebungsmerkmale zu Ihrem Vorteil. Führe Feinde in enge Korridore, in denen ihre Anzahl nicht so wichtig ist, oder positioniere dich in der Nähe eines Vorsprungs, um Feinde mit einem mächtigen

Angriff abzuwehren. *Bei Kill Knight* geht es sowohl darum, deine Feinde zu überlisten, als auch darum, sie zu übertreffen.

Kill Power nutzen

Das Kill Power-System ist einer der einzigartigen Aspekte von *Kill Knight*. Es belohnt dich, wenn du aggressiv bleibst, Kills verkettest und den Schwung aufrechterhältst. Wenn du dich in einen Kampf bestürzt, füllt jeder erfolgreiche Kill Power deine Kill Power-Anzeige und gewährt dir nach der Aktivierung erhebliche Geschwindigkeits- und Schadenssteigerungen.

- **Aktivierung der Kill Power**: Sobald die Anzeige gefüllt ist, aktiviere die Kill Power zum günstigsten Zeitpunkt – am besten, wenn du von Feinden umzingelt bist oder während eines kritischen Bosskampfes. Diese Mechanik ist deine Belohnung dafür, dass du in der Action bleibst, und sie wendet das Blatt, indem sie dich vorübergehend unaufhaltsam macht. Wenn Kill Power aktiv ist, fallen selbst die härtesten Feinde schneller und deine Bewegungsgeschwindigkeit macht es einfacher, eingehenden Angriffen auszuweichen.

- **Timing ist alles**: Das Timing der Aktivierung von Kill Power ist entscheidend. Wenn du es zu früh aktivierst, riskierst du, es zu verschwenden, obwohl es dich in einer gefährlicheren Begegnung hätte retten können. Umgekehrt, wenn Sie es zu lange behalten, könnten Sie überwältigt werden, bevor Sie überhaupt die Möglichkeit haben, es zu benutzen. Die beste Strategie ist es, Kill Power zu verwenden, wenn du dich in einer Situation befindest, in der die zusätzliche Kraft dir hilft, den Bereich schnell zu räumen, sodass du dich vorwärts bewegen kannst, ohne den Schwung zu verlieren.

Ressourcenmanagement: Gesundheit, Munition und mehr

In den chaotischen Tiefen von *Kill Knight* ist die Verwaltung deiner Ressourcen genauso wichtig wie die Fähigkeit im Kampf. Im Gegensatz zu vielen Shootern, in denen Munition im Überfluss vorhanden ist, *musst du in Kill Knight* strategisch vorgehen, wann und wie du deine Ressourcen einsetzt.

- **Gesundheitspakete**: Gesundheitspakete sind wertvoll, und wenn sie zur richtigen Zeit verwendet werden, kann dies den Unterschied ausmachen. Warten Sie nicht, bis Sie am Rande des Todes stehen, um ein Gesundheitspaket zu verwenden. Verwende sie stattdessen, wenn deine Gesundheit bei etwa 40-50 % liegt – das stellt sicher, dass du nicht von einem plötzlichen schweren Angriff überrascht wirst. Denke daran, dass Hinrichtungsbewegungen auch Gesundheit wiederherstellen können, also versuche, deine

Angriffe so zu planen, dass sie zu einer Hinrichtung führen, wenn du wenig Gesundheit hast.

- **Munitionseinsparung**: Verschiedene Waffen haben unterschiedliche Munitionskapazitäten, und wenn du im falschen Moment zur Neige gehst, kannst du verwundbar sein. Spare Munition, indem du zwischen Fern- und Nahkampfangriffen wechselst. Bei schwächeren Gegnern solltest du Nahkampfangriffe oder einfache Waffen verwenden, um deine schwere Munition für stärkere Feinde oder Bosskämpfe aufzusparen. Außerdem kannst du in sicheren Momenten nachladen – direkt nach dem Räumen eines Gebiets oder während der Erholungsphase eines Bosses –, damit du in kritischen Momenten nie beim Nachladen erwischt wirst.
- **Ausführung für Ressourcen**: Ausführungen sind nicht nur auffällig, sondern auch für das

Ressourcenmanagement unerlässlich. Wann immer ein Feind geschwächt und bereit für eine Exekution ist, nutzt ihr das, um eure Gesundheit oder Munition aufzufüllen. Diese Finishing-Moves sind der Schlüssel, um länger im Kampf zu bleiben, besonders bei längeren Begegnungen, in denen Gesundheitspakete und Munitionsabwürfe knapp sind.

Strategisches Denken im Kampf

Im Kampf geht es in *Kill Knight* nicht nur darum, heranzustürmen und auf alles zu schießen, was sich bewegt. Es erfordert, dass Sie überlegt, berechnend und bereit sind, sich im Handumdrehen anzupassen.

- **Priorisierung von Zielen**: Nicht alle Feinde sind gleich. Einige Feinde sind ein Ärgernis, während andere eine erhebliche Bedrohung darstellen, die deinen Lauf beenden kann, wenn sie nicht kontrolliert wird. Lernen Sie, Ziele effektiv zu priorisieren. Schalte zum

Beispiel zuerst Fernkampfangreifer aus, wenn sie dich aus der Ferne angreifen, oder eliminiere Nahkampfgegner, die sich schnell nähern. Je schneller du die gefährlichsten Feinde identifizieren und neutralisieren kannst, desto mehr Kontrolle hast du über den Kampf.

- **Nutzen Sie die Umgebung zu Ihrem Vorteil**: Die Umgebung ist ein wertvolles Werkzeug. Nutze Hindernisse, um die Sichtlinie zu durchbrechen, locke Feinde in enge Räume, in denen du Flächenangriffe effektiv einsetzen kannst, oder stoße Feinde von Vorsprüngen, um sofortigen Schaden zu verursachen. Wenn du dir deiner Umgebung bewusst bist und sie strategisch einsetzt, werden selbst die härtesten Kämpfe leichter zu bewältigen sein.
- **Balance zwischen Aggression und Verteidigung**: Während *Kill Knight* Aggression belohnt, gibt es Momente, in denen ein defensiver Ansatz dein Leben retten kann.

Ausweichen, Deckung nutzen und Neupositionierung sind alles defensive Aktionen, die Möglichkeiten für einen Gegenangriff schaffen können. Die Balance, wann man angreifen und wann verteidigen muss, ist das, was einen guten Spieler von einem großartigen Spieler unterscheidet.

Aufbau von Selbstvertrauen und Meisterschaft

Je tiefer du in den Abgrund vordringst, desto mehr wird dir die Spielmechanik von *Kill Knight in Fleisch* und Blut übergehen. Der Schlüssel zum Aufbau von Selbstvertrauen ist Übung – sich einer Niederlage zu stellen, daraus zu lernen und stärker zurückzukommen. Jede Begegnung ist eine Gelegenheit, deine Fähigkeiten zu verfeinern, feindliche Muster zu verstehen und dein Timing zu verbessern. Denken Sie daran, dass *Kill Knight* ein Überlebensspiel ist, aber es geht auch um den Nervenkitzel, überwältigende Widrigkeiten zu überwinden. Mit jeder Ebene, die du erobert, wächst deine Meisterschaft und mit ihr das Gefühl der Macht, das sich aus dem wirklichen Verständnis der Mechanik ergibt.

Behalten Sie diese Strategien im Hinterkopf, wenn Sie Ihre Reise fortsetzen. Der Abgrund ist ein dunkler und brutaler Ort, aber mit der richtigen Einstellung ist es ein Ort, an dem man eine Legende schreiben kann. Bleibe aggressiv, bleibe in Bewegung und verwalte deine Ressourcen mit Bedacht – der Sieg liegt darin, die Mechanik zu beherrschen, die jeden Schwung deiner Klinge und jeden Abzug steuert.

Kapitel 3

Layer-Walkthroughs

In *Kill Knight* steigst du durch fünf verschiedene Schichten des Abgrunds hinab, von denen eine gefährlicher ist als die andere. Um zu überleben, ist es wichtig, das Layout jeder Ebene, die Feinde, denen du gegenüberstehst, und die Taktiken, die du brauchst, um die gestellten Herausforderungen zu meistern, zu verstehen. In diesem Kapitel führen wir Sie im Detail durch jede Schicht und bieten Ihnen nicht nur einen beschreibenden Überblick, sondern auch wichtige Strategien, die Ihnen helfen, lebend durchzukommen. Mit einer Mischung aus Erkundung, Kampf und Ressourcenbeschaffung bietet jede Ebene ihre eigene Prüfung von Geschicklichkeit, Anpassungsfähigkeit und Ausdauer.

Lassen Sie uns in den Abgrund eintauchen und jede Schicht Schritt für Schritt aufschlüsseln.

Erste Ebene: Das Wiedererwachen

Übersicht über die Einstellungen

Layer One führt dich in das albtraumhafte Setting von *Kill Knight ein*. Hier beginnt die Geschichte – in dem Moment, in dem du wiederbelebt, verraten und in die unheimliche Arena verbannt wirst. Die Kulisse ist unheimlich, mit Überresten alter Festungen, die in dunkle Gruben zerfallen. Die Schatten tanzen im gedämpften Licht und machen jede Ecke potenziell gefährlich.

Ziele

Das Hauptziel dieser Ebene ist das Überleben und das Kennenlernen der Spielmechanik. Du musst dich in den Festungsruinen zurechtfinden, schwächere Feinde ausschalten und lernen, wie du deine Waffen und Fähigkeiten effektiv einsetzen kannst.

Feinde und Herausforderungen

- **Grundlegende Schrecken**: Diese Feinde bewegen sich langsam, sind leicht vorherzusagen und eignen sich hervorragend, um sich mit dem Kampf vertraut zu machen. Setze deine normalen Nahkampfangriffe ein und ziele mit deinen Fernkampfwaffen auf Kopfschüsse, um sie schnell zu erledigen.
- **Schattenkrabbler**: Diese Feinde bewegen sich schneller und versuchen oft, dich zu flankieren. Wenn Sie das verräterische Krabbeln hören, seien Sie bereit, auszuweichen. Sie sind schwach gegen feuerbasierte Angriffe, wenn du also eine Brandwaffe hast, ist es jetzt an der Zeit, sie einzusetzen.

Strategie-Tipps

- **Bleiben Sie mobil**: Die erste Schicht dient dazu, Ihnen beizubringen, wie wichtig es ist, in Bewegung zu bleiben. Übe das Ausweichen

und Neupositionieren während des Kampfes und versuche immer, Feinde vor dir zu halten.
- **Erkundung und Geheimnisse:** Halte Ausschau nach bröckelnden Wänden – einige von ihnen können zerstört werden, um versteckte Kammern mit Gesundheitspaketen oder seltener Munition freizulegen. Es gibt auch Sammlerstücke, die hinter einigen größeren Ruinen zu finden sind und Details zur Geschichte und kleine, dauerhafte Werte-Boosts bieten.

Waffen und Gegenstände

- Das **rostige Langschwert** befindet sich am Anfang – eine solide Waffe für den einfachen Nahkampf.
- Halte Ausschau nach der **arkanen Pistole, die** hinter einer zerbrochenen Statue versteckt ist. Diese Waffe aus dem frühen Spiel ist effektiv für Fernangriffe und hat eine ordentliche Stoppkraft.

Schicht zwei: Hallen der Qual

Übersicht über die Einstellungen

Die zweite Schicht ist dunkler und mit engen Gängen und hallenden Hallen gefüllt. In diesem Bereich fühlt es sich bedrückender an, da sowohl die Anzahl der Feinde als auch die Umweltgefahren zunehmen. Die Atmosphäre ist klaustrophobisch und zwingt dich in enge Räume, in denen dich Feinde in die Enge treiben können.

Ziele

Hier musst du lernen, wie du mit mehreren Feindtypen gleichzeitig umgehst. Das Ziel ist es, die Hallen zu räumen, das zentrale Tor zu öffnen und in den tieferen Abgrund vorzudringen.

Feinde und Herausforderungen

- **Qualritter**: Diese Feinde sind schwer gepanzert und blocken Frontalangriffe. Nutze dein Ausweichen, um hinter sie zu kommen und ihren entblößten Rücken ins Visier zu nehmen.

- **Kreischen**: Diese Kreaturen stoßen einen schrillen Schrei aus, der dich verwirren kann. Priorisiere sie im Kampf – wenn sie nicht kontrolliert werden, verringern sie deine Sichtbarkeit und machen es schwieriger, andere Feinde zu kontrollieren.
- **Gefahren**: Stachelige Böden und einstürzende Wände sind neu in dieser Schicht. Achte auf Druckplatten auf dem Boden, die diese Gefahren auslösen – diese Fallen können auch gegen Feinde eingesetzt werden, wenn sie richtig angelockt werden.

Strategie-Tipps

- **Ziele priorisieren**: Schalte immer zuerst die Screechers aus, um während eines Kampfes nicht die Orientierung zu verlieren. Setze Fernkampfangriffe ein, um sie schnell zu erledigen, bevor du dich den Qualrittern zuwendest.

- **Nutze Fallen zu deinem Vorteil**: Führe Feinde auf die Stachelböden oder unter bröckelnden Wänden hindurch. Diese Gefahren können dir Munition sparen und Gruppen von Feinden auf einmal beseitigen.

Waffen und Gegenstände

- Die **Klinge des Henkers** befindet sich in der Mitte dieser Ebene. Diese Waffe fügt schwer gepanzerten Gegnern wie den Qualrittern zusätzlichen Schaden zu.
- Sucht nach dem **Schild der Verlassenen**, der hinter einer falschen Mauer versteckt ist. Es bietet einen vorübergehenden Schadensresistenz-Buff beim Blocken von Angriffen.

Schicht drei: Die Abgründe der Verzweiflung

Übersicht über die Einstellungen

Schicht Drei ist ein Labyrinth aus miteinander verbundenen Gruben und schmalen Vorsprüngen. Die Umgebung ist lebensfeindlich, mit ständiger Gefahr, in den dunklen Abgrund zu fallen. Diese Schicht testet deine Bewegungsfähigkeiten, Präzision und Fähigkeit, mit Feinden umzugehen und gleichzeitig Gefahren aus der Umgebung zu vermeiden.

Ziele

Bahne dir deinen Weg durch das Labyrinth, während du Plattformen navigierst und vermeidest, in die Gruben zu fallen. Das Hauptziel besteht darin, drei uralte Schalter zu aktivieren, die das Tor zur nächsten Schicht entriegeln.

Feinde und Herausforderungen

- **Abgrundspringer**: Diese Feinde springen über Lücken, um dich zu erreichen. Sie sind sehr mobil und greifen oft aus unerwarteten Winkeln an. Nutze dein Ausweichen, um ihren Sprüngen auszuweichen und zu kontern, wenn sie landen.
- **Geister-Bogenschützen**: Diese Feinde befinden sich auf entfernten Vorsprüngen und schießen Pfeile auf dich, während du durch die Plattformen navigierst. Nutze die Deckung effektiv und schalte sie mit Präzisionsschüssen aus Fernkampfwaffen aus.

Strategie-Tipps

- **Die Bewegung ist entscheidend**: Die Plattformen sind schmal und Feinde stoßen dich weg, wenn du nicht aufpasst. Passe deine Bewegungen so ab, dass du nicht in einen Gruppenangriff gerätst, während du dich auf einem Vorsprung befindest.

- **Schalter in der richtigen Reihenfolge aktivieren**: Das Aktivieren der Schalter in einer bestimmten Reihenfolge minimiert die Anzahl der Spawns von Gegnern. Beginne mit dem Schalter ganz links, um Feinde von den beiden anderen Orten wegzuziehen.

Waffen und Gegenstände

- **Enterhaken**: Dieses Werkzeug, das du nach dem ersten Wechsel findest, ermöglicht es dir, größere Lücken zu überqueren und Zugang zu Bereichen mit seltener Beute zu erhalten.
- **Höllengranaten**: Diese Granaten befinden sich in einer versteckten Nische und sind effektiv gegen Gruppen von Abgrundspringern, besonders wenn sie sich vor dem Sprung sammeln.

Schicht vier: Der unheimliche Nexus

Übersicht über die Einstellungen

Auf der vierten Ebene macht der Schwierigkeitsgrad des Spiels einen deutlichen Sprung. Die Umgebung verwandelt sich in einen weitläufigen, unheimlichen Nexus voller hoch aufragender Monumente, tödlicher Fallen und Feinde, die stärker und klüger sind. Die gesamte Schicht fühlt sich lebendig an, als ob sich die Welt selbst gegen dich verschworen hätte.

Ziele

Navigiere durch den unheimlichen Nexus, deaktiviere drei Bindungskristalle und besiege den Wächter der Schicht, um den Durchgang zum endgültigen Abstieg zu öffnen.

Feinde und Herausforderungen

- **Empfindungsfähige Wächter**: Dies sind Mini-Bosse, die den Nexus patrouillieren. Sie haben eine Vielzahl von Angriffen, einschließlich Flächenangriffen, die verheerend sind, wenn du überrascht wirst.

- **Die Verderbten**: Diese Feinde fügen sich in die Umgebung ein und sind schwer zu erkennen, bis sie direkt über dir sind. Bleiben Sie in Bewegung und achten Sie auf subtile visuelle Hinweise – wie z. B. wechselnde Schatten –, die ihre Anwesenheit signalisieren.

Strategie-Tipps

- **Bleib in Bewegung**: Empfindungsfähige Wächter werden dich festnageln, wenn du zu lange an einem Ort bleibst. Verwende eine Mischung aus Sprinten und Ausweichen, um ihren Angriffen auszuweichen und gleichzeitig Schaden zu verursachen.
- **Deaktivieren Sie Bindungskristalle vorsichtig**: Jeder Kristall, den Sie deaktivieren, schwächt den Wächter der Schicht, spawnt aber auch eine Welle von Feinden. Räume einen Bereich ab, bevor du einen Kristall deaktivierst, um nicht überwältigt zu werden.

Waffen und Gegenstände

- **Die Leerenkanone**: Eine mächtige Fernkampfwaffe, die den empfindungsfähigen Wächtern erheblichen Schaden zufügt. Er befindet sich auf einer hohen Plattform, die mit dem Enterhaken zugänglich ist.
- **Kristallsplitter:** Sammle diese, um deine Waffen vorübergehend mit unheimlicher Energie zu verbessern, was dir einen Vorteil gegenüber härteren Gegnern verschafft.

Schicht Fünf: Der letzte Abstieg

Übersicht über die Einstellungen

Schicht fünf ist der Höhepunkt deiner Reise – die letzte Abfahrt, bei der alle vorherigen Herausforderungen in einem unerbittlichen Spießrutenlauf zusammengeführt werden. Die Umgebung ist eine verzerrte Mischung aus allen vorherigen Ebenen, mit Gefahren, schmalen Pfaden und Feinden, die alle in die Mischung geworfen werden.

Ziele

Bahne dir deinen Weg durch die chaotische Landschaft, um dich dem Endboss zu stellen – dem letzten Engel. Dies ist ein echter Test für alles, was du bis zu diesem Punkt gelernt hast, und kombiniert rasante Kämpfe, Ressourcenmanagement und Umweltbewusstsein.

Feinde und Herausforderungen

- **Gefallene Engel:** Diese Feinde sind Vorläufer des Endbosses. Sie verfügen über starke Fernkampf- und Nahkampfangriffe und ihre Gesundheit regeneriert sich, wenn du sie nicht schnell tötest. Setze schwere Waffen ein und bleibe aggressiv.
- **Chaos in der Umgebung**: Die Umgebung verändert sich ständig – Plattformen bröckeln, Wände schließen sich und Stacheln ragen aus

dem Boden. Das Timing Ihrer Bewegung ist der Schlüssel, um diese allgegenwärtigen Bedrohungen zu vermeiden.

Strategie-Tipps

- **Priorisieren Sie Bewegung und Positionierung**: Bei der abschließenden Abfahrt ist die Positionierung alles. Bleibe in Bewegung, um Umweltgefahren auszuweichen und Feinde daran zu hindern, dich zu umzingeln.
- **Der letzte Engel**: Der Endboss hat mehrere Phasen, von denen eine schwieriger ist als die letzte. Konzentrieren Sie sich in der ersten Phase auf das Erlernen der Angriffsmuster – so werden die späteren Phasen leichter zu bewältigen sein. Setze deine Kill Power mit Bedacht ein, besonders in den verwundbaren Momenten des Bosses.

Waffen und Gegenstände

- **Heaven's Bane**: Eine Waffe, die speziell entwickelt wurde, um den letzten Engel zu kontern, die kurz vor der Bosskammer zu finden ist. Er verursacht in den verwundbaren Phasen des Bosses zusätzlichen Schaden.
- **Himmlischer Schild**: Dieser Schild befindet sich in einer geheimen Kammer und bietet einen mächtigen defensiven Boost, der es dir ermöglicht, einige der verheerendsten Angriffe des Endbosses zu absorbieren.

Mit dieser detaillierten Anleitung für jede Schicht sollten Sie sich jetzt bereit fühlen, sich dem Abgrund direkt zu stellen. Denken Sie daran, dass jede Schicht ein Gleichgewicht zwischen Aggression, strategischer Ressourcennutzung und Umweltbewusstsein erfordert. Mit dieser detaillierten Anleitung für jede Schicht sollten Sie sich jetzt bereit fühlen, sich dem Abgrund zu stellen. Jede Schicht erfordert eine Kombination aus Aggressivität, strategischer Ressourcennutzung und Umweltbewusstsein. Denken Sie daran, sich Zeit für die Erkundung zu nehmen, Ihr

Arsenal zu beherrschen und auf Ihre Umgebung zu achten. Diese Strategien stellen sicher, dass du bereit bist, mit allen Schrecken fertig zu werden, *die Kill Knight* dir in den Weg stellt.

Der Abgrund ist unerbittlich, aber mit diesem Leitfaden können Sie den Spieß umdrehen und Ihren Stempel aufdrücken. Der Schlüssel zum Erfolg liegt darin, anpassungsfähig zu bleiben – die Umgebung zu nutzen, Feinde zu priorisieren und immer nach vorne zu drängen. Du bist nicht mehr nur ein verlorener Ritter – du bist der *Tötungsritter*, und der Abgrund wird bald lernen, dich zu fürchten.

Und jetzt geht es weiter zur Herausforderung, die im *Meistermodus auf* euch wartet – lasst uns auf den bisher unerbittlichsten Test eurer Fähigkeiten vorbereiten.

Kapitel 5

Fortgeschrittene Kampfstrategien

Während du dich durch die ersten Schichten von *Kill Knight gekämpft* hast, hast du wahrscheinlich begonnen, die Grundlagen des Kampfes zu verstehen – Schießen, Ausweichen, Ausführen, Wiederholen. Aber *Kill Knight* zu meistern ist mehr als nur zu überleben; es geht darum, jede Herausforderung mit Finesse, Effizienz und unnachgiebiger Aggression zu meistern. Dieses Kapitel wurde entwickelt, um deine Kampffähigkeiten zu verbessern und dir zu helfen, von einem guten Spieler zu einem großartigen Spieler zu werden. Hier werden wir die fortschrittlichen Mechaniken erkunden, wie z. B. das Ausnutzen der Schwächen des Feindes, perfekt getimte Ausweichmanöver, das Verketten von Hinrichtungen und den Einsatz der besten Waffenkombinationen für jedes Kampfszenario. Lass uns eintauchen und dich in eine Elitetruppe im Abgrund verwandeln.

Die Schwächen des Gegners verstehen

Jeder Feind in *Kill Knight* hat seine eigenen Stärken und Schwächen, und diese zu verstehen, kann den Unterschied ausmachen, ob man eine Welle von Feinden überlebt oder sie dominiert.

Schwächen lernen

- **Gepanzerte Gegner**: Schwer gepanzerte Gegner wie die Qualritter können viel Schaden einstecken, wenn sie frontal angegriffen werden. Anstatt wertvolle Munition für ihre Schilde zu verschwenden, konzentriere dich darauf, ihnen auszuweichen. Ein gut getimter Ausweichmanöver zur Seite oder nach hinten deckt Schwachstellen auf und ermöglicht es dir, kritische Treffer zu landen. Verwendet Waffen, die für die Durchdringung von Panzerung ausgelegt sind, wie z. B. die Klinge des Henkers oder Geschosse mit hoher Wucht aus der Leerenkanone.

- **Fernkampfbedrohungen**: Feinde wie Geisterbogenschützen müssen schnell bekämpft werden, da sie deine Gesundheit aus der Ferne verringern können. Setze Präzisionswaffen wie die Arkane Pistole ein, um sie auszuschalten, bevor du dich Nahkampfgegnern näherst. Eine gute Taktik ist es, in Deckung zu gehen, sorgfältig zu zielen und Fernkampfbedrohungen zu eliminieren, bevor man sich um den Rest kümmert.
- **Springende und sich schnell bewegende Feinde**: Abyssal Leapers sind darauf ausgelegt, dich mit Geschwindigkeit zu überwältigen. Der Schlüssel, um sie zu schlagen, ist Vorfreude – achte auf ihre Körpersprache. Kurz bevor sie springen, halten sie kurz inne. Dies ist dein Zeitfenster, um entweder auszuweichen oder mit einem gut getimten Schuss zu kontern. Wenn du dich

sicher fühlst, kann ein perfekt getimter Nahkampfschlag ihren Sprung kontern und sie zurückstoßen, so dass sie für einen Folgeangriff verwundbar sind.

Ausnutzung elementarer Schwächen

Bestimmte Feinde in *Kill Knight* sind besonders anfällig für Elementarangriffe. Zum Beispiel:

- **Schattenkrabbler** sind anfällig für feuerbasierte Waffen. Wenn du eine Brandgranate oder eine feuerverstärkte Waffe hast, benutze sie, um kurzen Prozess mit ihnen zu machen.
- **Die Verderbten** sind verwundbar gegenüber unheimlicher Energie. Der Einsatz von Waffen, die mit Kristallsplittern oder den Spezialgeschossen der Leerenkanone angereichert sind, erledigt sie effizienter. Wenn du diese elementaren Schwächen kennst, kannst du Munition sparen und den Schadensausstoß maximieren.

Die Kunst des Abwedelns und Positionierens

Bei einem erfolgreichen Ausweichen geht es nicht nur darum, Schaden zu vermeiden, sondern auch darum, sich für den perfekten Gegenangriff neu zu positionieren. Das Ausweichen in *Kill Knight* ist eine Fähigkeit, die über Erfolg oder Misserfolg deines Laufs entscheiden kann, vor allem, wenn die Feinde schneller und aggressiver werden.

Perfektes Timing für Ausweichmanöver

- **Antizipieren, nicht reagieren**: Die meisten Feinde in *Kill Knight* verraten ihren nächsten Zug durch subtile Hinweise. Ein Qualritter hebt sein Schwert vor einem heftigen Schwung leicht, während sich Abgrundspringer kurz vor dem Sprung anspannen. Lerne, diese Signale zu antizipieren und auszuweichen, bevor der Angriff beginnt. Perfekt getimte Ausweichmanöver geben dir oft die

Möglichkeit, mit einem mächtigen Angriff zu kontern.

- **Ausweichen in Richtung des Feindes**: Das mag kontraintuitiv klingen, aber wenn du einem angreifenden Feind ausweichst, wirst du oft hinter ihm zurückgelassen, wo er am verwundbarsten ist. Wenn du zum Beispiel einem Qualritter gegenüberstehst, kann dich ein gut getimter Ausweichmanöver nach vorne in eine erstklassige Position bringen, um seinen entblößten Rücken ins Visier zu nehmen.

- **Kettenausweichen für Mobilität**: In Situationen, in denen mehrere Feinde gleichzeitig angreifen, ist das Verketten von Ausweichmanövern unerlässlich, um Schaden zu vermeiden und gleichzeitig mobil zu bleiben. Wenn du zum Beispiel von Schattenkrabblern und Geisterbogenschützen umgeben bist, weiche ständig aus, um kein leichtes Ziel zu sein, während du versuchst, die gefährlichsten Bedrohungen auszuschalten.

Verkettung von Ausführungen für optimalen Ressourcengewinn

Hinrichtungen sind nicht nur auffällig – sie sind ein wichtiger Bestandteil, um bei längeren Begegnungen die Kontrolle zu behalten. Jede Hinrichtung bietet potenzielle Belohnungen wie Gesundheit, Munition oder temporäre Buffs, so dass du durch effektives Aneinanderreihen fast unaufhaltsam sein kannst.

Zeitpunkt der Ausführung

- **Erledigen Sie schwache Feinde effizient**: Wenn Feinde geschwächt sind, töten Sie sie nicht einfach mit einem normalen Angriff. Nutzen Sie den Ausführungsmove, um Ihren Ressourcengewinn zu maximieren. Wenn du wenig Gesundheit oder Munition hast, solltest du diese Feinde lieber hinrichten, um deine Vorräte aufzufüllen. Wenn zum Beispiel ein

Screecher geschwächt ist, kann dir das Ausführen die kostbaren Sekunden geben, die du brauchst, um deine Gesundheit wiederherzustellen und deine Position zurückzusetzen.

- **Planen Sie Ihre Kettenausführungen**: Suchen Sie bei großen Kämpfen nach Möglichkeiten, Hinrichtungen zu verketten. Wenn du einen Feind tötest, bist du für einen kurzen Moment unverwundbar – nutze dies, um zu deinem nächsten Ziel zu gelangen. Dies ist besonders effektiv in Gruppen schwächerer Feinde und ermöglicht es dir, Schwung und Kill Power aufrechtzuerhalten, ohne Schaden zu riskieren.
- **Aggression ist gleich Überleben**: Das Kill Power-System belohnt kontinuierliches, aggressives Spielen, und Hinrichtungen sind der Schlüssel dazu. Je schneller du Feinde tötest und exekutierst, desto mehr baut sich deine Kill Power auf und erhöht deine

Geschwindigkeit und deinen Schaden. Hier geht es nicht nur ums Überleben – es geht darum, das Schlachtfeld zu dominieren.

Waffenkombinationen für jedes Szenario

Unterschiedliche Kampfszenarien erfordern unterschiedliche Herangehensweisen. Wenn du verstehst, welche Waffenkombinationen in jeder Situation am besten funktionieren, kannst du deine Kampfeffektivität erheblich steigern.

Nahkampf

- **Nahkampfwaffen + Kurzstreckenblaster**: Auf engem Raum, z. B. in engen Korridoren oder in der Umgebung, kann der Einsatz einer mächtigen Nahkampfwaffe wie der Henkerklinge neben einem Kurzstreckenblaster wie dem Höllengranatwerfer verheerend sein. Die Klinge erledigt Feinde in Reichweite schnell, während der Blaster Gruppen räumen kann, wenn es zu hektisch wird.

- **Ausweichen in Angriffe**: Wenn du umzingelt bist, weiche einer Gruppe schwächerer Feinde aus und führe sofort einen Flächenangriff aus. Diese Taktik macht einen Weg frei und hält dich in der Offensive. Der **Schild der Verlassenen** eignet sich in diesem Zusammenhang gut, da du dank seiner Schadensresistenz Treffern standhalten kannst, während du dieses Manöver ausführst.

Mittel- bis langfristige Engagements

- **Arkane Pistole + Leerenkanone**: Für Feinde, die es vorziehen, auf Distanz zu bleiben, ist die Kombination der **Arkanen Pistole** für Präzisionsschüsse und der **Leerenkanone** für Schadensstöße ideal. Mit der Pistole können Schwachstellen punktgenau anvisiert werden, während die Leerenkanone härtere Feinde schnell ausschalten kann, wenn sie sich in

Gruppen befinden. Diese Kombo ist perfekt für den Umgang mit Geisterbogenschützen und empfindungsfähigen Wächtern.

- **Priorisierung von hochwertigen Zielen**: Wenn du Fernkampfwaffen verwendest, solltest du hochwertige Ziele bevorzugen – solche, die schweren Schaden anrichten oder das Schlachtfeld kontrollieren können, wie die Kreischende oder die empfindungsfähigen Wächter. Die frühzeitige Beseitigung dieser Bedrohungen macht den Rest des Kampfes überschaubarer.

Szenariobasierte Strategien

Schauen wir uns ein paar Kampfszenarien an, um zu veranschaulichen, wie diese fortschrittlichen Taktiken zusammenkommen.

Szenario 1: Der Hinterhalt in Schicht Zwei

- Du betrittst einen engen Korridor und plötzlich blockieren Qualritter beide

Ausgänge, während Screechers beginnen, dich aus den Schatten zu verwirren. Der Schlüssel hier ist, **Screechers zu priorisieren** – benutze die Arkanpistole, um sie schnell auszuschalten. Wechsle dann zur Klinge des Henkers und nutze **Ausweichmanöver,** um hinter die Qualritter zu gelangen, wo du ihre Schwachstellen ausnutzen kannst. Aktiviere **Kill Power**, wenn der Kampf dich zu überwältigen beginnt, und wende eine **Hinrichtung** auf den ersten geschwächten Qualritter an, um deine Gesundheit wiederherzustellen, bevor du dich um die anderen kümmerst.

Szenario 2: Plattformkampf in Schicht drei

- Die Plattform, auf der du dich befindest, ist schmal und mehrere Abyssal Leapers nähern sich aus verschiedenen Winkeln. Positioniere dich so, dass du **die Jumper dazu verleiten kannst,** auf dich zuzuspringen. Weiche im richtigen Moment nach vorne aus, um ihrem Sprung auszuweichen, und kontere mit einem **Nahkampfangriff**, um sie von der Plattform zu stoßen. Wenn du dir sicher bist, verwende die **Höllengranaten**, um mehrere Springer auszuschalten, bevor sie gleichzeitig angreifen können. Das Positionsmanagement ist hier von entscheidender Bedeutung – halten Sie sich so weit wie möglich von Kanten fern und nutzen Sie **Ausführungen,** um das Tempo des Kampfes zu kontrollieren.

Szenario 3: Der Kampf der Wächter in Schicht Vier

- Einem empfindungsfähigen Wächter im Unheimlichen Nexus gegenüberzustehen, ist ein wahrer Test für all deine Fähigkeiten. Die Angriffe des Wächters sind mächtig, aber telegrafiert, was bedeutet, dass **Ausweichen** dein wichtigstes Werkzeug ist. Nutzt die **Leerenkanone**, um dem Wächter in seinen

Verwundbarkeitsphasen Schaden zuzufügen – idealerweise nachdem er einen Bodenschlag ausgeführt hat, wodurch er vorübergehend ungeschützt bleibt. Während der Wächter **die Verderbten beschwört**, wechsle zur **Arkanpistole,** um sie zu eliminieren, während du den Angriffen des Wächters ausweichst. Sei bereit, **Kill Power zu aktivieren**, wenn du überwältigt wirst, und sie zu nutzen, um in einem verwundbaren Zeitfenster massiven Schaden zu verursachen.

Die Denkweise eines Elite-Ritters

Im Kern geht es bei der Beherrschung von *Kill Knight* sowohl um die Denkweise als auch um die Mechanik. Große Spieler sind diejenigen, die unter Druck ruhig bleiben, die wissen, wann sie von aggressiv zu defensiv wechseln müssen. Den Ablauf des Kampfes zu erkennen, wann man Hinrichtungen aneinanderreiht und wie man sich für jeden Kampf am besten positioniert, sind Fähigkeiten, die mit Übung und Geduld einhergehen.

Denke daran, dass der Schlüssel zur Meisterschaft nicht nur darin besteht, den Abgrund zu überleben, sondern ihn zu besitzen. Nimm die Herausforderung an, gehe an deine Grenzen und verwandle jede Ebene von *Kill Knight* in deinen persönlichen Spielplatz. Bewaffnet mit diesen fortschrittlichen Kampfstrategien bist du bereit, dich allem zu stellen, was der Abgrund auf dich wirft, und wirst zu dem Schrecken, den selbst die unheimlichen Schrecken fürchten.

Nimm dir diese fortschrittlichen Taktiken zu Herzen, während du durch den Abgrund navigierst, und du wirst bald sehen, wie dein Gameplay zu neuen Höhen aufsteigt. *Bei Kill Knight* geht es nicht nur darum, durch jede Schicht zu kommen, sondern auch darum, jede Herausforderung mit Präzision, Strategie und unübertroffener Aggressivität zu meistern. Mit diesem Wissen bist du gut vorbereitet, um jede

Begegnung in einen Triumph zu verwandeln und nichts als Chaos und besiegte Feinde hinter dir zu lassen.

Jetzt geht es weiter zum nächsten Kapitel, in dem wir uns das Überleben aller fünf Schichten im Meistermodus genauer ansehen und alles, was wir gelernt haben, in einer intensiven, unerbittlichen Herausforderung kombinieren, die wirklich jeden Aspekt eurer Fähigkeiten auf die Probe stellt.

Kapitel 5

Bosskämpfe: Ein vollständiger Leitfaden

Willkommen in dem Kapitel, in dem die furchterregendsten Feinde in *Kill Knight* entmystifiziert werden – die Bosskämpfe. Jeder Boss ist der Höhepunkt all der Fähigkeiten, die du entwickelt hast, und diese Begegnungen sind die Begegnungen, in denen *Kill Knight* deinen Mut wirklich auf die Probe stellt. In diesem Leitfaden werden wir jeden Bosskampf im Detail aufschlüsseln und sein Aussehen, Angriffsmuster, Schwachstellen und spezifische Strategien behandeln, um sie zu besiegen. Wir werden auch "Wenn Sie nicht weiterkommen"-Abschnitte enthalten, die praktische Tipps zum Umgang mit Ressourcen, zur Nutzung der Umwelt und zur Änderung Ihrer Strategie bieten, wenn Sie gegen eine Wand stoßen. Am Ende dieses

Kapitels wirst du das Selbstvertrauen und die Taktik haben, um es mit jedem Boss aufzunehmen, ohne dich überfordert zu fühlen.

Boss 1: Der Torwächter

Aussehen und Einstellung

Der Torwächter ist die erste große Hürde, auf die du am Ende von Layer Two stoßen wirst. Diese imposante Gestalt trägt eine schwere, stachelige Rüstung mit leuchtenden, unheimlichen Runen auf der Brust. Die Größe des Bosses macht ihn optisch einschüchternd, da er fast doppelt so groß ist wie dein Charakter, und seine Waffe – eine massive, runenbesetzte Hellebarde – verleiht ihm eine beeindruckende Reichweite.

Die Arena ist eine große, kreisförmige Kammer mit mehreren Säulen, die überall verstreut sind und eine wichtige Deckung bieten.

Angriffsmuster

1. **Hellebardeschaukel**: Der Torwächter schwingt seine Hellebarde in einem weiten Bogen. Dieser Angriff ist langsam, deckt aber viel Boden ab. **Weiche seitwärts aus**, um nicht in seiner Reichweite gefangen zu werden.
2. **Ground Slam**: Der Boss hebt seine Hellebarde hoch und schleudert sie auf den Boden, was eine Schockwelle auslöst. **Springe oder weiche rückwärts** aus, um der Schockwelle auszuweichen, und nutze diesen Moment, um ein paar Treffer zu landen.
3. **Sturmangriff**: Nachdem er erheblichen Schaden erlitten hat, leitet der Torwächter einen Angriff durch die Arena ein. Der Angriff wird durch den Boss signalisiert, der seinen Kopf senkt – **einen Ausweichschritt macht, um auszuweichen**, und dann mit einem Fernkampfangriff kontert.

Schwachstellen

- **Rücken freigelegt**: Der Rücken des Torwächters ist weniger gepanzert als der vordere, was ihn anfällig für Angriffe macht. Nutze dein Ausweichen, um hinter den Boss zu kommen, während seine langsameren Schwünge ausgeführt werden.
- **Taumelnde Gelegenheiten**: Wenn du die leuchtenden Runen auf der Brust des Torwächters oft genug triffst, taumelt er, wodurch ein Fenster für mehrere mächtige Schläge entsteht.

Empfohlene Ausrüstung

- **Klinge des Henkers**: Nutzt diese Nahkampfwaffe für Treffer mit hohem Schaden, wenn ihr hinter dem Torwächter ausweichen könnt.
- **Arkane Pistole**: Großartig, um aus sicherer Entfernung Schaden zu verursachen, insbesondere nachdem du dem Sturmangriff ausgewichen bist.

Strategie für den Sieg

- **Hinter ihm ausweichen und angreifen**: Der Schlüssel zum Sieg über den Torwächter liegt darin, die langsame Geschwindigkeit seiner Angriffe auszunutzen. Weiche während der Hellebardenschwingungen hinter ihm aus und greife sofort seinen exponierten Rücken an.
- **Deckung verwenden**: Wenn der Boss angreift, nutzt die Säulen in der Arena zum Schutz, um sicherzustellen, dass ihr nicht überrascht werdet.

Wenn Sie nicht weiterkommen

- **Ressourcenmanagement**: Wenn dir die Gesundheit ausgeht, denke daran, dass der Torwächter oft Gesundheitspakete fallen lässt, wenn er gestaffelt wird. Konzentriere dich darauf, die leuchtenden Runen ins Visier zu nehmen, um diesen Abwurf zu erzwingen.
- **Wechseltaktik**: Wenn es sich als zu riskant erweist, in der Nähe zu bleiben, wechsle zu

einem distanzierteren Ansatz. Die **arkane Pistole** ermöglicht es dir, den Schaden aufrechtzuerhalten und gleichzeitig zu vermeiden, zu nahe zu kommen.

Boss 2: Der schreiende Vorbote

Aussehen und Einstellung

Der Schreiende Vorbote ist eine albtraumhafte Gestalt – ein hageres, gespenstisches Wesen mit mehreren länglichen Armen, die jeweils in geschärften Klauen enden. Sein Gesicht ist verdeckt, bis auf einen leuchtenden Mund, der verwirrende Schreie von sich gibt.

Der Kampf findet in einem mehrstöckigen Turm statt, mit Plattformen und Leitern, die die Ebenen verbinden. Die Umgebung erfordert ständige Bewegung, da sich der Vorbote nahtlos zwischen den Levels bewegen kann.

Angriffsmuster

1. **Sonic Scream**: Der Vorbote stößt einen kraftvollen Schrei aus, der eine Schockwelle erzeugt, die den Wirkungsbereich abdeckt. Dies vermeidest du am besten, indem **du auf ein höheres oder niedrigeres Level springst**.
2. **Schattenklaue**: Sie schlägt mit ihren langen Armen zu und verursacht Schaden in einem weiten Bogen. Verwende **Ausweichen**, um diesem Angriff auszuweichen – vorzugsweise rückwärts, um außer Reichweite zu bleiben.
3. **Teleportation**: Nach einer bestimmten Menge an Schaden teleportiert sich der Vorbote auf eine andere Ebene des Turms und taucht mit einem Energiestoß wieder auf, der dir Schaden zufügen kann, wenn du zu nah dran bist. Behalten Sie die leuchtenden Indikatoren im Auge, die anzeigen, wo er gleich wieder auftaucht.

Schwachstellen

- **Offener Mund**: Der Mund des Vorboten leuchtet, bevor er den Schallschrei ausführt. Ein gut getimter Schuss in den Mund in diesem Moment unterbricht den Angriff und bringt ihn kurz ins Taumeln.
- **Teleportationswiederherstellung**: Nach dem Teleportieren hat der Vorbote eine kurze Erholungsphase, in der er anfällig für Angriffe ist – nutzt dieses Zeitfenster, um schweren Schaden zu entfesseln.

Empfohlene Ausrüstung

- **Leerenkanone**: Verwendet die Leerenkanone, um erheblichen Burst-Schaden zu verursachen, wenn der Vorbote nach dem Teleportieren verwundbar wird.
- **Höllengranaten**: Effektiv, um Schaden über Zeit zu verursachen, besonders wenn sie kurz vor dem Teleportieren des Vorboten auf eine neue Stufe geworfen werden.

Strategie für den Sieg

- **Bleiben Sie mobil**: Durch den mehrstöckigen Turm ist es wichtig, in Bewegung zu bleiben. Benutze Leitern und Sprünge, um dich ständig neu zu positionieren, was es für den Vorboten schwieriger macht, seine Angriffe zu landen.
- **Kontere den Schallschrei**: Wann immer du den Mund leuchten siehst, sei bereit zu schießen – das wird den Schrei unterbrechen und dir eine entscheidende Öffnung geben.

Wenn Sie nicht weiterkommen

- **Gesundheitspakete auf jeder Ebene**: Jede Ebene des Turms enthält ein Gesundheitspaket. Setze diese strategisch ein, indem du dich auf ein anderes Level bewegst, wenn deine Gesundheit niedrig ist, anstatt zu bleiben und mehr Schaden zu riskieren.
- **Anpassung der Herangehensweise**: Wenn der Umgang mit dem Schallschrei zu schwierig ist, konzentriere dich darauf, **auf ein anderes Level auszuweichen**, anstatt zu versuchen,

ihn zu unterbrechen. Du kannst immer noch Schaden verursachen, nachdem der Schrei aufgehört hat.

Boss 3: Der Abgrundwächter

Aussehen und Einstellung

Der Abyssal Sentinel ist ein riesiges, schwebendes Konstrukt aus Stein und unheimlicher Energie. Er hat mehrere leuchtende Augen, die sich um seinen Kern drehen, und greift mit Energiestrahlen und beschworenen Dienern an.

Der Kampf findet auf einer Reihe von schwebenden Plattformen über einem bodenlosen Abgrund statt. Die Plattformen verschieben und bewegen sich, was die Positionierung entscheidend macht.

Angriffsmuster

1. **Augenstrahlen**: Der Wächter feuert Strahlen aus seinen rotierenden Augen ab, die über die Plattformen fegen. **Springe oder weiche** zu

benachbarten Plattformen aus, um diesen Strahlen auszuweichen.

2. **Vasallenbeschwörung**: Der Wächter beschwört in regelmäßigen Abständen Diener, die dich angreifen, während er seine eigenen Fernkampfangriffe fortsetzt. Diese Diener sind schwach, können aber überwältigend sein, wenn sie nicht kontrolliert werden.
3. **Gravity Well**: Er erzeugt einen Wirbel, der dich zu sich zieht und versucht, dich von den Plattformen zu ziehen. Bewege dich in die **entgegengesetzte Richtung** und nutze **den Sprint,** um dem Sog entgegenzuwirken.

Schwachstellen

- **Leuchtende Augen**: Die Augen sind die Schwachstellen des Sentinels. Wenn du ein Auge zerstörst, verringert sich vorübergehend sein Schadensausstoß und es öffnet sich ein Fenster, um den Kern anzugreifen.

- **Core Exposure**: Sobald alle Augen zerstört sind, wird der Kern des Sentinels freigelegt und er erleidet für eine begrenzte Zeit zusätzlichen Schaden.

Empfohlene Ausrüstung

- **Arkane Pistole**: Effektiv, um die Augen des Wächters aus der Ferne anzuvisieren.
- **Enterhaken**: Dieses Werkzeug kann dir helfen, schnell zwischen Plattformen zu navigieren, besonders wenn du den Schwerkraftbrunnen vermeidest.

Strategie für den Sieg

- **Konzentrieren Sie sich zuerst auf die Augen**: Nehmen Sie die Augen nacheinander heraus. Jedes zerstörte Auge verringert die gesamte Offensivfähigkeit des Wächters und bringt dich dem Entlarven des Kerns näher.
- **Verwalte die Schergen**: Setze schnelle Nahkampfangriffe oder Blaster mit kurzer

Reichweite ein, um Schergen zu erledigen, bevor sie sich ansammeln, und verhindere, dass sie zu einer überwältigenden Bedrohung werden.

Wenn Sie nicht weiterkommen

- **Setze bewegliche Plattformen strategisch ein**: Wenn du mit dem Schwerkraftbrunnen zu kämpfen hast, bleibe auf einer beweglichen Plattform, da er dem Sog auf natürliche Weise entgegenwirkt.
- **Priorisierung der Ressourcen**: Konzentriere dich darauf, die Augen zu zerstören und wechsle dann zum Kern – wenn dir die Munition ausgeht, kannst du Vasallen durch Exekutionen auffüllen, bevor du den Angriff auf den Wächter fortsetzt.

Boss 4: Der verderbte Titan

Aussehen und Einstellung

Der Verderbte Titan ist die vorletzte Herausforderung – eine riesige, massige Kreatur, die mit dunklen, sich windenden Ranken bedeckt ist. Seine Arme sind massiv und in der Lage, den Boden mit verheerender Wucht zu zertrümmern.

Der Schauplatz ist ein offenes, mit Schutt übersätes Feld, das du als Deckung nutzen kannst. Zerbröckelnde Säulen sind verstreut, von denen einige umgestoßen werden können, um zusätzlichen Schaden zu verursachen.

Angriffsmuster

1. **Ground Smash**: Der Titan hebt beide Fäuste und knallt sie auf den Boden, wodurch eine Schockwelle ausgelöst wird. Verwende **Ausweichrollen**, um sowohl dem Aufprall als auch der daraus resultierenden Schockwelle auszuweichen.
2. **Rankenhieb**: Er schlägt mit seinen Ranken und versucht, dich zu überrumpeln. Dieser

pg. 94

Angriff ist schnell, hat aber einen kurzen Aufwind, dem ausgewichen werden kann.

3. **Verderbnisspucke**: Der Titan spuckt verderbte Energie auf dich, die verweilt und Schaden über Zeit verursacht, wenn er getreten wird. Vermeiden Sie diese Bereiche vollständig.

Schwachstellen

- **Schwachstellen der Ranke**: Die Ranken des Titanen leuchten, wenn er sich auf einen Angriff vorbereitet – wenn du diese Punkte anvisiert, taumelt der Titan und ist für weitere Angriffe offen.

Empfohlene Ausrüstung

- **Klinge des Henkers**: Effektiv, um in gestaffelten Phasen schweren Schaden zu verursachen.
- **Höllengranaten**: Verwende sie, um dem Titanen Schaden zuzufügen, wenn er sich nach

einem Bodenschlag in seiner Erholungsphase befindet, da der Wirkungsbereich dafür sorgt, dass du diese Öffnungen optimal ausnutzt.

Strategie für den Sieg

- **Bleibe auf mittlere Reichweite**: Die Attacken Bodenhieb und Rankenhieb des Titanen sind auf kurze Distanz tödlich. Halte einen mittleren Abstand und setze Fernkampfangriffe ein, um die Ranken zu schwächen und Möglichkeiten für direkten Schaden zu schaffen.
- **Nutze die Umgebung**: Führe den Titanen zu den bröckelnden Säulen und wenn er nah genug ist, schieße auf die Säulen, um sie auf seinen Kopf zu bringen und zusätzlichen Schaden zuzufügen. Dies ist besonders effektiv, um den Titan ins Taumeln zu bringen und dir eine Chance für schwere Angriffe zu geben.

Wenn Sie nicht weiterkommen

pg. 96

- **Verderbniszonen**: Wenn du mit der Verderbnisspucke zu kämpfen hast, bleibe in Bewegung und nutze die äußeren Ränder der Arena. Lassen Sie sich niemals in eine Ecke mit Korruption auf dem Boden einfangen.
- **Gesundheitsmanagement**: Der Titan lässt Gesundheitspakete fallen, wenn eine Ranke zerstört wird. Zielt speziell auf die Ranken ab, wenn dir die Gesundheit ausgeht, da dies dir einen Gesundheitsschub verleiht.

Boss 5: Der letzte Engel

Aussehen und Einstellung

Der letzte Engel ist die letzte Konfrontation – ein strahlendes, aber korruptes Wesen mit massiven Flügeln, das einen Speer aus Licht schwingt. Sein Aussehen ist majestätisch und furchteinflößend zugleich, da es zwischen anmutigen Bewegungen und kraftvollen Schlägen changiert.

Der Schauplatz ist eine schwebende Arena über dem Abgrund, mit Abschnitten, die im Laufe des Kampfes abbrechen. Dies verleiht der Schlacht eine zusätzliche Dringlichkeit, da der Halt immer knapper wird.

Angriffsmuster

1. **Speerstoß**: Der Engel stürzt sich mit seinem Speer in einer geraden Linie. **Weiche** im letzten Moment aus, um ihm auszuweichen und für einen Gegenangriff in die Nähe zu kommen.
2. **Flügelbuffet**: Er breitet seine Flügel und Hiebe mit Federn aus, die wie Klingen wirken und einen weiten Bereich bedecken. Die beste Strategie besteht darin, **rückwärts** aus der Reichweite auszuweichen und sich dann zu nähern, sobald der Angriff beendet ist.
3. **Radiant Burst**: Der Engel sammelt Energie und setzt einen Lichtstoß frei, der alles in einem weiten Radius beschädigt. Wenn du siehst, dass der Engel Energie sammelt,

bewege dich an den Rand der Arena , um dem Schlimmsten der Explosion zu entgehen.

Schwachstellen

- **Energiesammelphase**: Wenn der letzte Engel beginnt, Energie für den Radiant Burst zu sammeln, lässt er sich für einige Augenblicke offen. Nutzt diese Gelegenheit, um schweren Schaden zu verursachen.
- **Flügel als Schwachstellen**: Die Flügel sind zwar gefährlich, aber auch die Schwachstellen des Engels. Nehmt sie ins Visier, um ihre Beweglichkeit und ihre Angriffsreichweite zu verringern.

Empfohlene Ausrüstung

- **Heaven's Bane**: Diese Waffe fügt dem Engel zusätzlichen Schaden zu und ist für den letzten Kampf unerlässlich.
- **Himmlischer Schild**: Rüstet ihn aus, um den Schaden durch die Flächenangriffe des Engels

zu verringern, insbesondere während des Strahlenden Ausbruchs.

Strategie für den Sieg

- **Brich die Flügel**: Konzentriere dich auf die Flügel, um die Beweglichkeit des Engels einzuschränken. Sobald ein Flügel Schaden erleidet, werden seine Angriffe langsamer und er verliert die Fähigkeit, das Flügelbuffet effektiv auszuführen.
- **Nutze die Arena**: Wenn Teile der Arena wegbrechen, nutze die Lücken zu deinem Vorteil. Positioniere dich so, dass sich der Engel über kaputte Abschnitte bewegen muss, was seine Fähigkeit, deinen Angriffen auszuweichen, einschränkt.

Wenn Sie nicht weiterkommen

- **Fallende Plattformen**: Wenn du damit zu kämpfen hast, dass die Arena auseinanderbricht, solltest du immer im Auge behalten, wo sich die nächste stabile Plattform befindet. Bekommen Sie keinen Tunnelblick auf den Engel – bewahren Sie das Situationsbewusstsein.

- **Wechsle zu Fernkampfangriffen**: Wenn Plattformen zu fallen beginnen und du nicht mehr sicher herankommen kannst, wechsle zu **Fernkampfwaffen** wie der Leerenkanone, um den Druck aufrecht zu erhalten, ohne zu riskieren, von der Arena zu fallen.

Jeder dieser Bosskämpfe in *Kill Knight* ist darauf ausgelegt, alles zu testen, was du im Laufe des Spiels gelernt hast. Indem Sie Angriffsmuster verstehen, Schwachstellen ins Visier nehmen und die Umgebung zu Ihrem Vorteil nutzen, können Sie selbst den härtesten Chefs mit Zuversicht begegnen. Denke daran, dass es in jedem Kampf genauso sehr um Geduld wie um Aggression geht – du musst wissen, wann du zuschlagen und wann du zurückfallen musst, und der Sieg wird zum Greifen nah sein.

Jetzt, da Sie mit diesen Strategien ausgestattet sind, ist es an der Zeit, den Abgrund mit neuer Entschlossenheit anzugehen. Mit jedem besiegten Boss kommst du der Erfüllung deiner Mission und der Annahme deines Schicksals als *Kill Knight einen Schritt näher.*

Kapitel 6

Waffen und Arsenal entfesselt

Deine Waffen sind die Werkzeuge deines Überlebens, und in *Kill Knight* ist es genauso wichtig, dein Arsenal zu kennen wie deinen Feind. In diesem Kapitel geht es darum, die Waffen zu verstehen, die dir zur Verfügung stehen, ihre Stärken und Schwächen und wann du sie am besten einsetzt, um den Abgrund zu erobern. Wir werden auch untersuchen, wie du neue Waffen freischalten und aufrüsten kannst, und dir Ratschläge geben, wie du deine Ausrüstung an verschiedene Spielstile und Kampfsituationen anpassen kannst. Egal, ob du lieber auf Tuchfühlung gehst oder aus der Ferne Schaden anrichtest, dieser Leitfaden hilft dir, das Beste aus jedem Schuss und Schlag herauszuholen.

Übersicht über die Waffentypen

Die Waffen in *Kill Knight* lassen sich in drei Hauptkategorien einteilen: **Standardwaffen**, **schwere Waffen** und **Spezialwaffen**. Jeder Typ hat einzigartige Eigenschaften, die ihn ideal für bestimmte Kampfszenarien machen.

1. Standardwaffen

Standardwaffen sind deine Brot-und-Butter-Werkzeuge und bieten eine ausgewogene Mischung aus Feuerkraft, Geschwindigkeit und Vielseitigkeit. Diese Waffen sind ideal sowohl für neue Spieler, die sich an das Spiel gewöhnen, als auch für erfahrene Veteranen, die eine zuverlässige Schadensquelle benötigen.

Arkane Pistole

- **Stärken**: Die arkane Pistole ist präzise und schnell, was sie ideal macht, um schwächere Feinde auszuschalten oder kritische Punkte

bei größeren Gegnern anzuvisieren. Er ist besonders effektiv auf mittlere Entfernung, wo Sie seine Genauigkeit ausnutzen können.
- **Schwächen**: Es fehlt die rohe Stoppkraft, die man gegen schwer gepanzerte Gegner braucht. Die kleine Magazingröße bedeutet auch häufiges Nachladen, was dich in hektischen Kämpfen verwundbar machen kann.
- **Optimale Verwendung**: Verwende die arkane Pistole, um schwächere Gegner wie Geisterbogenschützen zu eliminieren oder Schwachstellen bei Gegnern wie dem Schreienden Vorboten anzuvisieren.

Rostiges Langschwert

- **Stärken**: Eine zuverlässige Nahkampfwaffe mit ordentlicher Reichweite, perfekt, um sich durch Gruppen schwacher Feinde zu kämpfen und wertvolle Munition zu sparen.
- **Schwächen**: Er kämpft gegen schwer gepanzerte Feinde, und der Mangel an

Fernkampffähigkeiten macht ihn riskant gegen Feinde, die es vorziehen, auf Distanz zu bleiben.

- **Bester Einsatz**: Diese Waffe wird am besten im Nahkampf oder gegen schwache Feinde in engen Korridoren eingesetzt, in denen die Bewegung eingeschränkt ist.

2. Schwere Waffen

Schwere Waffen sind so konzipiert, dass sie massiven Schaden anrichten, entweder an einzelnen mächtigen Feinden oder Gruppen. Sie sind langsamer, haben aber eine Wucht, was sie perfekt für Strategien mit hohem Risiko und hoher Belohnung macht.

Klinge des Henkers

- **Stärken**: Die Klinge des Henkers hat einen hohen Schadensausstoß und eignet sich daher ideal für den Umgang mit gepanzerten Gegnern oder das Erledigen von Bossen in verwundbaren Phasen. Er kann auch die meisten Feinde ins Taumeln bringen und sie für die Exekution öffnen.

- **Schwächen**: Die langsame Schwunggeschwindigkeit macht dich anfällig für schnellere Feinde. Außerdem ist er schwer, was bedeutet, dass er deine Bewegungsgeschwindigkeit leicht verringert, wenn er ausgerüstet ist.
- **Optimale Verwendung**: Setze diese Waffe gegen gepanzerte Feinde wie Qualritter oder in Bosskämpfen ein, wenn du die langsame Erholungsphase eines Gegners vorhersehen kannst.

Höllischer Granatwerfer

- **Stärken**: Der Höllengranatwerfer eignet sich hervorragend für den Umgang mit Gruppen von Feinden, insbesondere mit solchen, die zusammengedrängt sind. Seine explosiven Geschosse verursachen Flächenschaden, der dir helfen kann, Räume voller Abgrundspringer zu räumen.

- **Schwächen**: Begrenzte Munition macht es zu einer situationsabhängigen Waffe. Der Flächenschaden kann dir auch schaden, wenn er zu nah abgefeuert wird.
- **Beste Verwendung**: Verwende den Höllengranatwerfer, um mit Gruppen von sich schnell bewegenden Feinden fertig zu werden oder bei Begegnungen in geschlossenen Bereichen, in denen Feinde leicht gruppiert werden können.

3. Spezielle Waffen

Spezialwaffen sind einzigartig und bieten oft Fähigkeiten, die über den reinen Schaden hinausgehen. Sie können Elementarangriffe, Schwächungseffekte für Feinde oder eine verbesserte Nützlichkeit während des Kampfes bieten.

Leeren-Kanone

- **Stärken**: Die Leerenkanone feuert sich langsam bewegende Projektile mit hohem Schaden ab, die mit unheimlicher Energie angereichert sind. Diese Projektile fügen den Verderbten und Gegnern mit elementaren Verwundbarkeiten erheblichen Schaden zu. Seine Schüsse haben eine leichte Flächeneffektkomponente, was ihn auch dann effektiv macht, wenn er nicht perfekt ausgerichtet ist.
- **Schwächen**: Langsame Feuerrate und begrenzte Munition. Es erfordert auch ein Aufladen, um den Schaden zu maximieren, was das Timing entscheidend macht.
- **Beste Verwendung**: Verwende die Leerenkanone, wenn du es mit Gegnern zu tun hast, die anfällig für unheimliche Angriffe sind, oder während der Bossphasen, wenn der Boss stationär und anfällig für aufgeladene Schüsse ist.

Fluch des Himmels

- **Stärken**: Diese Waffe ist einzigartig effektiv gegen den letzten Engel. Er verursacht zusätzlichen Schaden, wenn er die Flügel des Bosses trifft, und seine Angriffe können einige der Ladebewegungen des Engels unterbrechen, was dir im letzten Kampf einen Vorteil verschafft.
- **Schwächen**: Eingeschränkte Effektivität gegen andere Feinde und verbraucht viel Ausdauer pro Schwung.
- **Beste Verwendung**: Rüste Heaven's Bane während des letzten Bosskampfes aus und konzentriere dich darauf, die Flügel ins Visier zu nehmen und den Schadensschub optimal zu nutzen.

Waffen freischalten und aufrüsten

Das Freischalten von Waffen in *Kill Knight* erfordert oft entweder das Abschließen von Herausforderungen oder das Finden versteckter

Gegenstände in den Ebenen. So kannst du einige der wichtigsten Waffen freischalten:

Waffen freischalten

- **Arkane Pistole**: Zu finden in Schicht Eins hinter einer zerbrochenen Statue in der Nähe der Festungsruinen. Diese frühe Waffe ist unerlässlich, um sich mit dem präzisen Zielen vertraut zu machen.
- **Klinge des Henkers**: Wird in Schicht Zwei erhalten, nachdem man den Torwächter besiegt hat. Diese Waffe belohnt aggressive Spieler, die nah herankommen und schwere Treffer austeilen können.
- **Void Cannon**: Schalte sie in Schicht vier frei, indem du ein Umgebungsrätsel löst, bei dem es darum geht, Kristalle zu binden. Diese Waffe ist entscheidend für den Umgang mit unheimlichen Feinden.
- **Heaven's Bane**: Entdeckt in Schicht Fünf, kurz bevor du die letzte Arena betrittst. Er ist in

einer geheimen Kammer versteckt, in der eine Reihe von Runen aktiviert werden muss, die über die gesamte Schicht verteilt sind.

Waffen aufrüsten

Das Aufrüsten von Waffen kann deinen Schadensausstoß und deine Effizienz im Kampf erheblich verbessern. Upgrades erfordern in der Regel **unheimliche Splitter** und andere sammelbare Ressourcen, die in versteckten Bereichen gefunden oder von Bossen fallen gelassen werden.

- **Arcane Pistolen-Upgrades**: Priorisiere **die Größe des Magazins** und die **Nachladegeschwindigkeit**. Die Erhöhung der Magazingröße bedeutet weniger Unterbrechungen, was in intensiven Kämpfen entscheidend ist.
- **Upgrades für die Klinge des Henkers**: Verbessert zuerst die **Angriffsgeschwindigkeit**. Dies reduziert die Zeit, in der du nach jedem Schlag verwundbar

bist, und macht es einfacher, Angriffe zu verketten und aggressiv zu bleiben.
- **Upgrades für Leerenkanonen**: Konzentriere dich auf **Aufladegeschwindigkeit** und **Schaden**. Schnelleres Aufladen bedeutet, dass du in Bosskämpfen zuverlässiger Schüsse mit hohem Schaden abfeuern kannst.
- **Heaven's Bane-Upgrades**: Verbessert die **Ausdauerkostenreduzierung**, um sie während des letzten Bosskampfes effektiver einzusetzen und euch zu ermöglichen, beim Schwingen mobil zu bleiben.

Experimentieren mit Loadouts

Jedes Kampfszenario in *Kill Knight* erfordert eine andere Herangehensweise, und das Experimentieren mit Loadouts ist der Schlüssel, um herauszufinden, was für dich am besten funktioniert. Hier sind einige Vorschläge für verschiedene Situationen:

Nahkampf

- **Primärwaffe: Klinge des Henkers.**
  - **Grund**: Der hohe Schadensausstoß ist perfekt für den Umgang mit Gegnern in geschlossenen Räumen, in denen das Ausweichen begrenzt ist.
- **Sekundärwaffe: Rostiges Langschwert.**
  - **Grund**: Wenn du schnell mit kleineren Gegnern fertig werden musst und Ausdauer für größere Bedrohungen sparen musst.

Bosskämpfe

- **Primärwaffe: Leerenkanone.**
  - **Grund**: Der hohe Schaden und die Elementarenergie machen es perfekt für den Umgang mit Bossen, insbesondere gegen solche, die anfällig für unheimliche Angriffe sind.
- **Sekundärwaffe: Arkane Pistole.**
  - **Grund**: Wenn sich Bosse zu schnell bewegen, um die Leerenkanone zu

nutzen, kannst du mit der Arkanpistole aus der Ferne konstanten Schaden verursachen.

Kontrolle von Menschenmengen

- **Primärwaffe: Höllischer Granatwerfer**.
    - **Grund**: Der Flächenschaden eignet sich perfekt, um Gruppen von Feinden auszuschalten.
- **Sekundärwaffe: Klinge des Henkers**.
    - **Grund:** Nutzt ihn, um mit den verbleibenden, härteren Gegnern fertig zu werden, nachdem ihr den Granatwerfer verwendet habt, um die schwächeren Gegner auszudünnen.

Spielstile ausbalancieren

Wenn du dir nicht sicher bist, welchen Spielstil du bevorzugst, kannst du aus **Gründen der Flexibilität eine Standardwaffe** mit einer **schweren Waffe** kombinieren . Zum Beispiel:

- Kombiniere die **arkane Pistole** mit der **Klinge des Henkers**. Diese Kombination ermöglicht es dir, eine gute Balance zwischen Fernkampfpräzision und Nahkampfkraft zu halten und dich an jede Situation anzupassen.

Maximierung der Effektivität mit Kombos

Effektive Waffenkombinationen bedeuten oft, eine Waffe zu verwenden, um einen Feind für einen verheerenden Angriff mit einer anderen vorzubereiten.

- **Pistole + Klinge**: Benutze die **arkane Pistole**, um einen Feind ins Taumeln zu bringen, und wechsle dann zur **Klinge des Henkers**, um ihn zu erledigen. Diese Kombo ist effektiv gegen mittelstufige Gegner, die viel Gesundheit haben, aber verwundbar sind, sobald sie ins Taumeln geraten.

- **Granaten + Nahkampf**: Wirf eine **Höllengranate** in eine Gruppe von Feinden und stürze dich dann mit dem **Rostigen Langschwert** hinein, um alle Überlebenden aufzuwischen. Diese Kombination ist perfekt für die Kontrolle von Menschenmengen und sorgt dafür, dass Sie beim Verwalten von Gruppen aggressiv bleiben.

Experimentieren und Adaption

Kill Knight belohnt Spieler, die bereit sind, mit ihrem Arsenal zu experimentieren. Jeder neue Feindtyp, jede neue Umgebung und jeder neue Bosskampf erfordert eine andere Herangehensweise, und die erfolgreichsten Spieler sind diejenigen, die sich entsprechend anpassen. Der Schlüssel ist, dass du dich wohl fühlst, während des Kampfes zwischen den Waffen zu wechseln und immer einen Plan für Fern- und Nahkämpfe zu haben.

Anpassung an Herausforderungen

- **Stehen Sie gepanzerten Feinden gegenüber?** Wechsle zur **Klinge des Henkers** und ziele auf ihre Schwachstellen.
- **Haben Sie es mit Schnelldrehern zu tun?** Rüste die **arkane Pistole** für präzise Schüsse aus und behalte dabei deine Mobilität bei.
- **Geht die Munition zur Neige?** Nutze **Hinrichtungsbewegungen** , um während eines Kampfes Vorräte aufzufüllen – lass dich niemals mit leeren Händen erwischen.

Je mehr du experimentierst, desto besser wirst du verstehen, welche Waffen zu deinem Spielstil passen und welche Kombinationen am besten für verschiedene Herausforderungen geeignet sind. Bei der Beherrschung deines Arsenals geht es nicht nur darum, die Stärken und Schwächen der einzelnen Waffen zu verstehen, sondern auch, wie sie sich im Kampf ergänzen.

Deine Waffen sind mehr als nur Werkzeuge – sie sind Erweiterungen deiner Kampffähigkeiten. Sie zu beherrschen bedeutet nicht nur zu wissen, wann und wo sie eingesetzt werden müssen, sondern auch zu verstehen, wie sie miteinander zusammenarbeiten. Egal, ob du dich einem gewaltigen Boss stellst oder von Dutzenden kleinerer Feinde umschwärmt wirst, deine Ausrüstung und die Strategien, die du mit deinen Waffen anwendest, werden über deinen Erfolg entscheiden. Experimentieren Sie weiter, passen Sie sich weiter an und lassen Sie jeden Schlag zählen.

Jetzt, da du das volle Potenzial deines Arsenals ausgeschöpft hast, ist es an der Zeit, tiefer in das nächste Kapitel einzutauchen, in dem wir uns mit dem Überleben *der schwierigsten Herausforderungen* von Kill Knight befassen: dem **Meister-Modus**. Lassen Sie uns alles, was wir gelernt haben, auf die ultimative Probe stellen.

Kapitel 8

Überlebensstrategien: Vom Anfänger- bis zum Meistermodus

In *Kill Knight* ist das Überleben im Abgrund auf jedem Schwierigkeitsgrad eine Herausforderung, aber je mehr du vom **Anfänger-** zum **Meistermodus aufsteigst**, desto höher wird der Einsatz, die Feinde werden heftiger und die Notwendigkeit präziser Taktiken wird immer wichtiger. Dieses Kapitel ist dein Überlebenshandbuch, das dich bei der Anpassung deines Spielstils für jeden Schwierigkeitsgrad unterstützen soll. Wir sprechen über Ressourcenschonung, die Priorisierung von Bedrohungen, das Durchlaufen ausgedehnter Begegnungen und das Verständnis, wie du dein Arsenal effektiv einsetzen kannst. Egal, ob du gerade erst anfängst oder bereit bist, den Meistermodus zu erobern, diese Überlebensstrategien stellen sicher, dass du für jede Herausforderung, die der Abgrund darstellt, bestens gerüstet bist.

Adaption von Strategien für verschiedene Schwierigkeitsstufen

In den Schwierigkeitsgraden von *Kill Knight* geht es nicht nur um härtere Feinde – sie erfordern eine Änderung der Denkweise und Strategie. Schauen wir uns an, wie man die einzelnen Schwierigkeiten effektiv angeht:

Schwierigkeitsgrad für Anfänger

Im Anfänger-Schwierigkeitsgrad geht es darum, die Grundlagen zu erlernen – die Umgebung zu verstehen, die Steuerung zu meistern und sich mit den Feinden und Waffen vertraut zu machen.

- **Ressourcenbewusstsein**: Auf Beginner sind Ressourcen wie Gesundheitspakete und Munition reichlich vorhanden. Nutze diese Gelegenheit, um mit verschiedenen Waffen zu experimentieren, zu lernen, wie jede einzelne funktioniert, und dich mit der Verteilung von Ressourcen im Spiel vertraut zu machen. Achte darauf, welche Feinde Gesundheit und Munition fallen lassen, und mache es dir zur Gewohnheit, sie zu priorisieren, wenn dir die Gesundheit ausgeht.

- **Erlernen von Feindmustern**: Konzentriere dich auf das Erlernen von Angriffsmustern. Jeder Feind hat seine eigenen Moves, die auf dem Schwierigkeitsgrad Anfänger relativ verzeihend sind. Nutze diese Zeit, um dich an die Identifizierung von Tells zu gewöhnen – wie z. B. einen Qualritter, der seine Hellebarde hebt, oder einen Schreier, der sich darauf vorbereitet, seinen Schallangriff zu entfesseln.
- **Experimentieren Sie frei**: Da die Strafen für Fehler bei Anfängern geringer sind, nehmen Sie sich die Zeit, verschiedene Kampfansätze auszuprobieren. Bleibst du lieber im Hintergrund und schießt scharf oder gehst du

nah heran und schlitzt deine Feinde auf? Nutze diese Phase als Lernphase, um deinen bevorzugten Spielstil zu finden.

Mittlerer Schwierigkeitsgrad

Intermediate erhöht die Herausforderung, indem es Ressourcen knapper und Feinde aggressiver macht.

- **Ressourcenmanagement**: Du kannst es dir nicht mehr leisten, Gesundheitspakete zu verwenden, wenn du leichten Schaden erleidest. Lerne, dich bei **der Gesundheitsregeneration mehr auf Ausführungen** zu verlassen , und spare Gesundheitspakete für den Fall, dass du wirklich am Rande des Abgrunds stehst. Munitionseinsparung ist ebenfalls wichtig – wechsle zum Nahkampf, wenn du es mit schwächeren Gegnern zu tun hast, und behalte deine Munition für härtere Feinde.
- **Priorisierung von Zielen**: Auf dieser Stufe wird es wichtiger zu wissen, welche Feinde

zuerst besiegt werden müssen. **Kreischvögel** sollten immer schnell eliminiert werden, um Orientierungslosigkeit zu vermeiden, und **Geisterbogenschützen** sollten erledigt werden, bevor sie eine Chance haben, deine Gesundheit zu zerstören. Halte Ausschau nach Feinden, die ihre Verbündeten stärken oder heilen, und besiege sie vorrangig.

- **Aggression mit Vorsicht**: *Kill Knight* belohnt zwar Aggression, aber du musst auch strategisch vorgehen. Nutze die Deckung effektiv, besonders wenn du mit Fernkampfbedrohungen konfrontiert bist. Wenn sich die Gelegenheit für eine Hinrichtung ergibt, nutze sie, um Gesundheit oder Munition zurückzugewinnen – aber stürze dich nicht blindlings hinein, wenn du wahrscheinlich mehr Schaden erleidest, als du wiederherstellst.

Fortgeschrittener Schwierigkeitsgrad

Im fortgeschrittenen Schwierigkeitsgrad wird es ernst – die Feinde sind unerbittlich und Fehler werden schwer bestraft.

- **Pacing Yourself**: Der Schlüssel hier ist das Pacing. Hetzen Sie nicht durch jeden Bereich; Nimm dir stattdessen nach jedem Gefecht einen Moment Zeit, um deine Umgebung zu überblicken, alle fallengelassenen Gegenstände einzusammeln und deine Ressourcenstände zu bewerten. Unvorbereitet voranzukommen ist ein Rezept für eine Katastrophe.
- **Effektiver Einsatz von Kill Power**: Inzwischen solltest du dich mit dem Aufbau und der Verwendung **von Kill Power vertraut gemacht haben**. Auf dem Schwierigkeitsgrad "Fortgeschritten" ist es entscheidend, "Kill Power" strategisch einzusetzen. Hebe es dir für Momente auf, in denen du von mehreren Feinden überwältigt wirst oder während der verwundbaren Phase

eines Bosses. Dieser Kraftschub kann dir helfen, einen Weg freizumachen, die Kontrolle wiederzuerlangen oder in kritischen Momenten erheblichen Schaden zu verursachen.

- **Nutze die Umgebung**: Im fortgeschrittenen Schwierigkeitsgrad zählt jeder Vorteil. **Stachelböden, explosive Fässer und bröckelnde Wände** sind alles Werkzeuge, mit denen du Feinde ausschalten kannst, ohne deine Munition zu verbrauchen. Führe Feinde in Fallen und nutze die Umgebung, um die Arbeit für dich zu erledigen.

Meister-Modus: Eroberung des Abgrunds

Der Meistermodus ist der ultimative Test für dein Können und deine Ausdauer – ein Spießrutenlauf, bei dem alle fünf Ebenen zu einer unerbittlichen Herausforderung kombiniert werden. Der Schlüssel zum Überleben des Master-Modus ist Effizienz, Planung und eine unnachgiebige Entschlossenheit.

Tempo durch die erweiterte Herausforderung

- **Verwalte Ausdauer und Ressourcen:** Der Meistermodus erfordert eine sorgfältige Verwaltung von Ausdauer, Munition und Gesundheit. Du musst dich selbst einteilen – wenn du dich durchbehetzst, wirst du erschöpft, aber wenn du dich zu langsam bewegst, kann das dazu führen, dass du überwältigt wirst. Bewerte nach jeder Begegnung mit einem Feind, welche Ressourcen du verbraucht hast, und plane deine nächsten Schritte entsprechend.
- **Segmentieren Sie Ihre Herausforderung**: Segmentieren Sie den Master-Modus gedanklich in kleinere Teile. Behandle jede Schicht als separate Herausforderung und versuche, ein wenig Munition und Gesundheit für die Übergänge zu sparen. Es ist wichtig,

jede neue Sektion mit etwas in Reserve zu beginnen, da der Master-Modus dir nicht den Luxus bietet, zwischen den Schichten komplett zurückzusetzen.

Effizientes Feindmanagement

- **Priorisiere Ressourcen über Kills**: Manchmal ist es im Meistermodus klüger, sich auf Gesundheit und Munition zu konzentrieren, als Feinde schnell zu eliminieren. Wenn zum Beispiel ein Feind am Rande des Todes steht und du wenig Gesundheit hast, **schwäche ihn und warte auf eine Gelegenheit zur Ausführung**, anstatt ihn einfach mit einem Standardangriff zu töten.
- **Vermeide unnötige Begegnungen**: Nicht jeder Feind muss bekämpft werden. Wenn sich im Meistermodus ein Feind nicht direkt in deinem Weg befindet oder eine wichtige Ressource bewacht, ist es vielleicht klüger, ihn

ganz zu meiden. Wenn du einen Kampf auslässt, kannst du wertvolle Munition und Gesundheit sparen.

Beste Arsenal-Nutzung

- **Waffenkombination für Vielseitigkeit**: Im Meistermodus ist eine vielseitige Ausrüstung unerlässlich. Rüste eine Kombination aus einer **Standardwaffe** (wie der arkanen Pistole) und einer **schweren Waffe** (wie dem Höllengranatwerfer) aus, um verschiedene Arten von Begegnungen zu meistern. So stellen Sie sicher, dass Sie sowohl auf einzelne Bedrohungen als auch auf Gruppen vorbereitet sind, ohne zu oft wechseln zu müssen.
- **Schwere Munition für Bosse aufheben**: Vermeide es, schwere Waffen gegen kleinere Feinde einzusetzen, es sei denn, es ist absolut notwendig. Bosse im Meistermodus haben einen erweiterten Gesundheitspool, und der

Einsatz schwerer Waffen kann den Unterschied zwischen einem langwierigen Kampf und einem effizienten Ausschalten ausmachen.

- **Setze Spezialwaffen in engen Situationen ein**: Die **Leerenkanone** und **der Fluch des Himmels** sind keine Waffen, die du ständig verwenden solltest – sie sollten für enge Stellen aufbewahrt werden. Wenn du in die Enge getrieben, umzingelt oder in der kritischen Phase eines Bosses stehst, bieten dir diese Waffen den nötigen Burst-Schaden, um zu überleben.

Bewegen und Positionieren im Master-Modus

Bewegung ist mehr als nur ein defensives Werkzeug – sie ist die Art und Weise, wie du den Verlauf des Kampfes diktierst. Im Meistermodus sind die Feinde zahlreich und aggressiv, was bedeutet, dass Stillstand oder vorhersehbare Bewegungen zum schnellen Tod führen.

Kontrollieren Sie die Arena

- **Ständige Neupositionierung**: Immer in Bewegung bleiben, aber zielgerichtet. Nutze **Ausweichmanöver,** um Angriffen auszuweichen, während du dich an einem Ort positionierst, an dem du einen taktischen Vorteil hast – z. B. auf einer Anhöhe oder an einem Ort, an dem du eine klare Sicht auf herannahende Bedrohungen hast. Das Ziel ist es, Feinde dort zu halten, wo du sie sehen kannst, und zu verhindern, dass sie dich umzingeln.
- **Setze Umweltgefahren strategisch ein**: Im Master-Modus ist das Positionieren von Feinden in Gefahren wie einstürzenden Wänden oder Stachelfallen eine effektive Möglichkeit, Schaden zu verursachen, ohne deine Ressourcen zu verbrauchen. Wenn dir

die Munition ausgeht, kannst du dir die Zeit und den Raum verschaffen, die du brauchst, um dich zu erholen, indem du deine Feinde in diese Gefahren hineinzwingst.

Präzises Abwedeln

- **Ausweichen ist nicht nur Ausweichen**: Im Master-Modus muss das Ausweichen präzise sein – jedes Ausweichen muss einen Zweck erfüllen. Egal, ob du dich neu positionierst, einem schweren Angriff ausweichst oder dich auf einen Konter vorbereitest, achte darauf, dass deine Ausweichmanöver dich in eine bessere Position bringen. Einfaches Rückwärtsausweichen kann dazu führen, dass man gefangen bleibt oder die Feinde aus den Augen verliert. Weiche stattdessen **diagonal nach vorne oder zur Seite** aus , um in Schlagdistanz zu bleiben.
- **Weiche in Verwundbarkeiten aus**: Viele Gegner, wie die Qualritter oder der

Torwächter, haben Schwachstellen, wenn du hinter ihnen bist. Nutze das Ausweichen als offensive Taktik – **weiche** dem Angriff eines Feindes aus und positioniere dich hinter ihm, um seine Schwachstelle für kritischen Schaden auszunutzen.

Mindset: Nehmen Sie die Herausforderung an

Im Überlebensmeister-Modus geht es nicht nur darum, die richtigen Waffen zu haben oder sich Angriffsmuster einzuprägen – es geht darum, die richtige Einstellung zu haben. Der Abgrund wird deine Geduld, Widerstandsfähigkeit und Anpassungsfähigkeit auf die Probe stellen.

Bleiben Sie unter Druck ruhig

- **Managen Sie das Adrenalin**: Während Sie im Master-Modus voranschreiten, steigt der Druck und Fehler können passieren. Wenn Sie ruhig bleiben und bewusst handeln, können

Sie unnötige Fehler vermeiden. Denke daran, dass es oft gefährlicher sein kann, in Panik auszuweichen und rücksichtslos anzugreifen, als auf den richtigen Moment zu warten.

Anpassung ist der Schlüssel

- **Passen Sie sich spontan an**: Nicht jede Strategie funktioniert einwandfrei, und es wird Zeiten geben, in denen die Dinge nicht nach Plan laufen. Der Schlüssel zum Überleben ist die Anpassung. Wenn ein Feind dich überwältigt, überprüfe es neu – musst du die Waffe wechseln, deine Positionierung ändern oder einfach nur aus diesem Bereich verschwinden? Flexibel zu sein und bereit zu sein, die Taktik im Handumdrehen zu ändern, ist das, was Spieler, die überleben, von denen unterscheidet, die fallen.
- **Aus Niederlagen lernen**: Jeder Misserfolg im Meistermodus ist eine Chance zu lernen. Wenn du fällst, nimm dir einen Moment Zeit, um

darüber nachzudenken, was schief gelaufen ist. Sind Ihnen aufgrund von schlechtem Management die Ressourcen ausgegangen? Wurden Sie wegen schlechter Positionierung umzingelt? Jede gelernte Lektion macht Ihren nächsten Versuch umso stärker.

Tipps zum letzten Überleben

1. **Meistere jede Hinrichtung Tipps zum letzten Überleben**
2. **Meistere jede Hinrichtung**: Hinrichtungen sind deine zuverlässigste Form der Gesundheits- und Munitionswiederherstellung im Meister-Modus. Üben Sie das Timing, das erforderlich ist, um Hinrichtungen nahtlos zu verketten, ohne sich selbst zu exponieren. Eine perfekt getimte Hinrichtung schaltet nicht nur einen Feind aus, sondern hält dich auch am Leben.
3. **Seien Sie stets auf Ressourcen bedacht**: Behalten Sie Ihre Gesundheit und

Munitionsreserven immer im Auge. Jedes Engagement sollte damit enden, dass Sie Ihre aktuellen Ressourcen überprüfen und Ihre nächsten Schritte entsprechend planen. So verhinderst du, dass du in den schwierigeren Kämpfen unvorbereitet erwischt wirst.

4. **Bleiben Sie aggressiv, aber seien Sie schlau**: Aggression wird in *Kill Knight belohnt*, aber schlagen Sie die Vorsicht nicht in den Wind. Setze deine Aggression mit Bedacht ein – greife an, wenn es sicher ist und wenn die Feinde verwundbar sind. Konsequent aggressiv und ohne Plan zu sein, führt zu schnellen Niederlagen.

5. **Wissen, wann man rennen muss**: Manchmal ist es am besten, sich zurückzuziehen. Wenn du überfordert bist, tritt einen Schritt zurück, um neu zu bewerten, Ressourcen zu sammeln und gestärkt zurückzukommen. Im Meistermodus geht es ums Überleben, und

manchmal bedeutet Überleben zu wissen, wann man sich zurückziehen muss.

Kapitel 8

Punktevergabe und Dominanz in der Rangliste

Beim Scoren in *Kill Knight* geht es nicht nur darum, jede Ebene zu durchlaufen, sondern auch darum, dies mit Stil, Präzision und Aggressivität zu tun, um sich einen Platz unter den Besten in der globalen Bestenliste zu verdienen. Das Punktesystem belohnt Spieler, die die Feinheiten des Spiels verstehen – sei es das Ausführen perfekter Kombos, das Ausnutzen feindlicher Schwächen oder das schnelle und effiziente Abschließen von Herausforderungen. In diesem Kapitel erklären wir Ihnen, wie das Punktesystem funktioniert, zeigen Ihnen, wie Sie massive Killstream-Kombos aufbauen können, und geben Ihnen spezifische Taktiken an die Hand, um Ihre Punktzahl auf die Bestenliste zu bringen. Wenn

Sie nach oben streben, erhalten Sie in diesem Leitfaden alle Werkzeuge, die Sie benötigen.

Das Punktesystem verstehen

Das Punktesystem in *Kill Knight* basiert auf mehreren Faktoren, von denen jeder zu deiner Gesamtpunktzahl in jeder Ebene beiträgt. Die Schlüsselelemente der Punktevergabe sind:

1. **Kill Points**: Werden für jeden besiegten Feind verdient.
2. **Killstream-Combo-Multiplikator**: Ein Multiplikator, der sich aufbaut, wenn du ohne Verzögerung Kills verkettest.
3. **Zeitboni**: Belohnungen für das schnelle Abschließen von Abschnitten jeder Ebene.
4. **Hinrichtungsboni**: Punkte, die für die Verwendung von Hinrichtungen anstelle von einfachen Tötungen verdient werden.
5. **Kill Power-Nutzung**: Der Einsatz von Kill Power in kritischen Momenten bringt

zusätzliche Punkte, insbesondere wenn mehrere Feinde besiegt werden, während Kill Power aktiv ist.

6. **Abschluss der Herausforderung**: Jede Ebene hat spezifische Herausforderungen, die erhebliche Punkteboni bieten können.

Um eine hohe Punktzahl zu erzielen, müssen Sie all diese Elemente effektiv kombinieren. Der Schlüssel liegt darin, die Dynamik aufrechtzuerhalten, Ihre Ressourcen zu verwalten und die Nutzung jeder Scoring-Gelegenheit zu maximieren.

Punkte sammeln und Highscores aufbauen

Killstream-Combo-Multiplikator

Die **Killstream Combo** ist einer der wichtigsten Aspekte beim Aufbau eines Highscores. Jeder getötete Feind, ohne deinen Schwung zu unterbrechen, trägt zu deiner Kombo bei, was wiederum die Punkte multipliziert, die du für jeden weiteren Kill erhältst. Je höher deine Kombo-Anzahl, desto mehr Punkte sammelst du. So maximierst du deine Killstream-Combo:

- **Bleib aggressiv**: Um deine Killstream-Kombo aufrechtzuerhalten, musst du ohne zu zögern weiter töten. Nutze die Umgebung zu deinem Vorteil, um Kills effizient zu verketten – wechsle je nach Positionierung deiner Feinde von Nahkampf- zu Fernkampfwaffen, um sicherzustellen, dass du nicht an Schwung verlierst.
- **Kombiniere Fernkampf- und Nahkampfangriffe**: Setze Nahkampfangriffe ein, um schwächere Feinde in der Nähe schnell auszuschalten, und wechsle zu Fernkampfwaffen, wenn diese weiter entfernt sind. Das Ziel ist es, Lücken zwischen den Tötungen zu vermeiden. Das Kombinieren verschiedener Angriffe hält die Kombo unabhängig von der Position des Feindes am Laufen.

- **Ausweichen als Angriff**: Nutze das Ausweichen, um die Distanz zwischen Feinden zu verringern, anstatt nur Angriffen auszuweichen. Wenn du dem nächsten Ziel ausweichst, anstatt wegzugehen, bleibst du nah genug, um deine Kette fortzusetzen, ohne die Kombo zu unterbrechen.

Zeit-Boni

Jede Ebene in *Kill Knight* hat Zeitschwellenwerte – schließe eine Ebene innerhalb einer festgelegten Zeit ab, um einen **Zeitbonus** zu erhalten. So maximieren Sie diesen Aspekt:

- **Kenne die Route**: Zeitboni hängen oft davon ab, den schnellsten Weg durch jedes Gebiet zu kennen. Studiere das Layout jeder Ebene, damit du weißt, wo sich Verknüpfungen befinden, wo Feinde positioniert sind und wo sich wichtige Gegenstände befinden. Je vertrauter Sie mit der Ebene sind, desto schneller können Sie sie fertigstellen.

- **Engpässe beseitigen**: Einige Feinde fungieren als Engpässe und blockieren deinen Fortschritt, bis sie besiegt sind. Wenn du diese Feinde identifizierst und schnell eliminierst, kannst du deine Zeit drastisch verkürzen. Setze Angriffe mit hohem Schaden oder sogar Kill Power ein, um sie schnell zu erledigen.

Hinrichtungs-Boni

Hinrichtungen stellen nicht nur Gesundheit und Ressourcen wieder her, sondern bringen auch erhebliche Bonuspunkte. Der Schlüssel liegt darin, die Exekutionen nahtlos in deinen Kampfablauf zu integrieren:

- **Mit Fernkampf schwächen, mit Nahkampf abschließen**: Setze eine Fernkampfwaffe ein, um einen Feind bis zum Taumeln zu schwächen, dann nähere er dich und exekutiere ihn. Diese Methode stellt sicher, dass du nicht nur Kill-Punkte verdienst, sondern auch deine Punktzahl mit einem Hinrichtungsbonus steigerst.

- **Nimm verwundbare Gegner ins Visier, um sie schnell zu exekutieren**: Einige Gegner sind nach bestimmten Angriffen besonders verwundbar – zum Beispiel, nachdem ein Qualritter einen langsamen Schwung beendet hat. Plane deine Bewegungen so, dass du in der Lage bist, sie auszuführen, wenn sich die Gelegenheit ergibt.

Kill Power Utilization

Kill Power kann der Schlüssel zu massiven Punktemultiplikatoren sein, wenn sie richtig eingesetzt wird. Die Aktivierung von Kill Power im richtigen Moment kann zu erheblichen Punktsteigerungen führen:

- **Timing ist alles**: Aktiviere Kill Power, wenn du einer Gruppe von Feinden gegenüberstehst, um ihre Wirkung zu maximieren. Jeder Feind, der während der Kill

Power getötet wird, erhöht nicht nur deine Punktzahl aufgrund des Multiplikators, sondern sorgt auch für einen Adrenalinschub, der deine Kombo-Serie am Leben erhält.
- **Gruppenkontrolle**: Wenn du mit mehreren Feinden konfrontiert bist, versuche, sie zusammen zu positionieren, bevor du Kill Power aktivierst. Auf diese Weise kannst du mehrere Feinde gleichzeitig ausschalten und in sehr kurzer Zeit eine große Anzahl von Punkten sammeln.

Globale Bestenlisten-Funktion

Die globale Bestenliste **von Kill Knight** ist die ultimative Herausforderung für Spieler, die sich beweisen wollen. Deine Position auf der Rangliste wird durch deine kumulative Punktzahl über alle Ebenen hinweg und die Effizienz, mit der du jedes Level abschließt, bestimmt.

Tipps zum Erklimmen der Bestenliste

- **Fokus auf perfekte Läufe**: Highscores basieren auf perfekten oder nahezu perfekten Läufen. Das bedeutet, den erlittenen Schaden zu minimieren, deine Killstream-Kombo auf jeder Ebene beizubehalten und das Beste aus jeder Bonusmöglichkeit zu machen.
- **Minimiere den erlittenen Schaden**: Jedes Mal, wenn du Schaden erleidest, verlierst du an Schwung und verlierst möglicherweise deine Killstream-Kombo. Um den Schaden zu minimieren, muss man die Angriffsmuster der Gegner verstehen und effektiv Ausweichmanöver einsetzen, um sich aus der Gefahrenzone zu halten. Vergiss nicht, wenn du keinen Schaden erleidest, hältst du deinen Punktemultiplikator am Leben.
- **Meistern Sie Herausforderungen effizient**: Jede Ebene hat ihre eigenen Herausforderungen, z. B. für einen bestimmten Zeitraum keinen Schaden zu erleiden oder eine bestimmte Anzahl von Feinden zu

exekutieren. Das Abschließen dieser Herausforderungen bietet erhebliche Punktesteigerungen. Studiere diese Herausforderungen, bevor du jeden Lauf startest, und konzentriere dich darauf, sie effizient zu meistern.

- **Replay-Layer zur Optimierung**: Highscores entstehen nicht aus einem einzigen Durchlauf, sondern aus Übung, Lernen und Wiederholung. Wiederhole Layer, um deine Zeit zu verbessern, lerne die optimalen Routen und entdecke neue Wege, um Kombos länger aufrechtzuerhalten. Je mehr Sie lernen, desto besser wird Ihre Punktzahl sein.

Spezifische Strategien für Highscores

Gegnerische Schwächen und effektive Taktiken

Beim Ausnutzen der Schwächen des Gegners geht es nicht nur ums Überleben – es geht darum, effizient zu punkten. Je schneller du einen Feind eliminierst, vor allem, indem du seine Schwächen ausnutzt, desto höher ist deine potenzielle Punktzahl.

- **Gepanzerte Feinde**: Verwende Waffen wie die **Klinge des Henkers**, um die Schwachstellen gepanzerter Feinde ins Visier zu nehmen. Das Zerstören von Rüstungskomponenten kann auch zu zusätzlichen Bonuspunkten führen, also ignoriert diese Möglichkeiten nicht.
- **Elementare Schwächen**: Setze Elementarwaffen gegen Feinde mit bestimmten Schwachstellen ein. Zum Beispiel sind **Schattenkrabbler** schwach gegen feuerbasierte Angriffe, und wenn du dies ausnutzt, werden sie nicht nur schneller eliminiert, sondern auch deine Killstream-Kombo erhöht, wodurch sich deine Punktzahl vervielfacht.
- **Feindliche Wellen**: Konzentriere dich in Abschnitten mit mehreren Wellen zuerst auf schwache Feinde, um deine Kombo

aufzubauen, und wechsle dann zu stärkeren Feinden, um den Kombo-Multiplikator am Laufen zu halten, ohne eine Unterbrechung deiner Serie zu riskieren.

Kombo-Planung und Waffen-Loadouts

- **Ausgewogene Ausrüstung für maximale Effektivität**: Rüste sowohl eine **Nahkampf-** als auch eine **Fernkampfwaffe aus** , die gut zusammenarbeiten. Mit der Kombination aus arkaner Pistole und rostigem Langschwert kannst du zum Beispiel schnell zwischen der Schwächung von Feinden aus der Ferne und der Exekution aus der Nähe wechseln.
- **Granaten für Massenkontrolle**: Wenn du großen Gruppen von Feinden gegenüberstehst, setze **Höllengranaten** ein, um mehrere Feinde auf einmal zu schwächen. Lass darauf eine Killstream-Kombination von Ausführungen folgen, um deine Punktzahl zu maximieren.

- **Schnelles Umschalten:** Lerne, im Handumdrehen zwischen den Waffen zu wechseln – mit einer **Fernkampfwaffe** kannst du entfernte Feinde schwächen und dann mit einem **Nahkampfangriff** einfädeln, um Hinrichtungen zu verketten. Je schneller du wechseln und dich anpassen kannst, desto höher wird deine Punktzahl sein.

Bewegung und Aggression

- **Never Stop Moving:** In *Kill Knight* geht es um konstante, kontrollierte Aggression, um hohe Punktzahlen zu halten. Bewegen Sie sich immer auf Ihr nächstes Ziel zu; Das Ausweichen in und um Feinde herum hält deine Killstream-Kombo am Leben und maximiert dein Punktepotenzial.
- **Antizipiere Spawns:** Wenn du die Spawnpunkte und das Timing der Feinde kennst, kannst du zur richtigen Zeit am richtigen Ort sein und Feinde töten, sobald sie

spawnen, um deine Kombo am Leben zu erhalten.

Motivation: Streben nach Vorherrschaft in der Rangliste

Um einen Highscore in *Kill Knight zu erreichen,* geht es um mehr als nur darum, das Spiel zu schlagen – es geht darum, es zu meistern. Die Bestenliste ist voll von Spielern, die sich die Mühe gemacht haben, die Feinheiten von Kampf, Bewegung und Timing wirklich zu verstehen. Jeder Feind, den du tötest, jede Exekution, die du ausführst, jede Schicht, die du schneller als zuvor abschließt – all das zählt für dein Vermächtnis.

Tipps, um motiviert zu bleiben

- **Setzen Sie sich inkrementelle Ziele**: Anstatt sofort die Spitze der Bestenliste zu erreichen, setzen Sie sich kleinere Ziele – übertreffen Sie Ihre vorherige Punktzahl und streben Sie dann den nächsten Meilenstein an. Auf diese Weise fühlt sich jeder Lauf wie ein Fortschritt an.

- **Feiern Sie Verbesserungen**: Auch wenn Sie es nicht sofort an die Spitze schaffen, zählt jede Verbesserung. Hast du eine längere Kombo als zuvor verkettet? Haben Sie eine Schicht in Rekordzeit fertiggestellt? Feiern Sie diese Siege, um sich selbst zu motivieren.
- **Lernen Sie von den Besten**: Sehen Sie sich Wiederholungen der besten Bestenlistenspieler an, wenn das Spiel diese Funktion bietet. Zu verstehen, wie andere ihre Kombos aufrechterhalten, mit herausfordernden Feinden umgehen und ihre Umgebung nutzen, kann neue Strategien und Erkenntnisse liefern.

Um einen Highscore in *Kill Knight zu erreichen,* geht es um mehr als nur darum, das Spiel zu schlagen – es geht darum, es zu meistern. Die Bestenliste ist voll von Spielern, die sich die Mühe gemacht haben, die Feinheiten von Kampf, Bewegung und Timing wirklich zu verstehen. Jeder Feind, den du tötest, jede Exekution, die du ausführst, und jede Schicht, die du schneller als zuvor abschließt – all das zählt für dein Vermächtnis.

Bleiben Sie mit der Community in Kontakt

Die Zusammenarbeit mit der *Kill Knight-Community* kann für zusätzliche Motivation sorgen. Hier sind ein paar Möglichkeiten, mit anderen Spielern in Kontakt zu treten:

- **Treten Sie Online-Foren bei**: Nehmen Sie an Diskussionen auf Plattformen wie Reddit oder Discord teil, in denen Spieler Strategien, Tipps und Highscore-Erfolge austauschen. Du erhältst Einblicke in Taktiken, die du vielleicht nicht in Betracht gezogen hast, und wirst von anderen Spielern ermutigt.
- **Streamer und Videos ansehen**: Es gibt viele Content-Ersteller, die sich auf *die Strategien und das Gameplay von Kill Knight* konzentrieren . Das Anschauen kann neue

Perspektiven auf das Bewältigen schwieriger Ebenen und Bosskämpfe eröffnen und effektive Punktetechniken präsentieren.
- **Herausforderung Freunde**: Wenn du Freunde hast, die auch spielen, verwandle es in einen freundschaftlichen Wettbewerb. Sich untereinander Herausforderungen zu stellen, um zu sehen, wer die höchste Punktzahl auf einer bestimmten Ebene erreichen kann, kann sowohl motivierend als auch unterhaltsam sein.

Mit diesem Kapitel verfügst du nun über das Wissen und die Strategien, die du brauchst, um beim Scoring zu glänzen und die Dominanz in der Bestenliste in *Kill Knight zu erreichen*. Der Weg vom Anfänger zum Anwärter auf die Bestenliste ist geprägt von Lernen, Anpassung und Übung. Das Punktesystem belohnt Spieler, die Zeit investieren, um ihre Feinde zu verstehen, ihre Waffen zu beherrschen und ihre Grenzen zu überschreiten.

Wenn du dich auf deinen nächsten Lauf vorbereitest, denke daran, dass jede Herausforderung eine Gelegenheit ist, dich zu verbessern. Bleiben Sie konzentriert, streben Sie nach Exzellenz und genießen Sie den Nervenkitzel des Kampfes. Egal, ob du nach der Spitze der Bestenliste strebst oder einfach nur danach strebst, deine vorherige Punktzahl zu übertreffen, behalte diese Strategien im Hinterkopf und du bist auf dem besten Weg, ein Meister von *Kill Knight zu werden.*

Jetzt, da du mit allen notwendigen Werkzeugen, Taktiken und Erkenntnissen ausgerüstet bist, bereiten wir uns auf das letzte Kapitel vor, in dem wir die Geheimnisse von *Kill Knight erforschen* – verborgene Schätze, Überlieferungen und Strategien, die dein Spielerlebnis weiter verbessern und dich auf den ultimativen Showdown gegen den Abgrund vorbereiten werden.

Kapitel 9

Erfolge und Herausforderungen im Spiel

In *Kill Knight* geben dir Erfolge und Herausforderungen nicht nur ein Erfolgserlebnis, sondern verbessern auch dein gesamtes Spielerlebnis. Sie fördern die Erkundung, die Beherrschung von Fähigkeiten und strategisches Denken. In diesem Kapitel erfährst du eine umfassende Liste von Erfolgen, wie du sie freischaltest und wie du effektive Strategien zum Meistern von Herausforderungen im Spiel erhältst, egal ob sie sich auf den Kampf oder die Erkundung konzentrieren. Wenn Sie dieser Anleitung folgen, erledigen Sie nicht nur diese Aufgaben, sondern erhalten auch wertvolle Belohnungen auf dem Weg.

Liste der Errungenschaften

1. Erstes Blut

- **Beschreibung**: Besiege deinen ersten Feind.
- **Freischaltung**: Besiege einfach einen beliebigen Feind in Layer One.
- **Tipp**: Dieser Erfolg ist unkompliziert und tritt natürlich zu Beginn des Spiels auf. Nutze das Rostige Langschwert für einen schnellen Kill in den Basic Horrors – betrachte es als deine Einführung in die dunklere Welt von *Kill Knight*.

2. Combo-Meister

- **Beschreibung**: Erreiche eine Killstream-Kombo von 10 oder mehr.
- **Freischaltung**: Reihe 10 aufeinanderfolgende Kills aneinander, ohne Schaden zu nehmen oder zwischen den Kills zu pausieren.
- **Schritt für Schritt**:

- ○ Nimm schwächere Gegner wie Basic Horrors und Shadow Crawlers ins Visier, um deine Kombo aufzubauen.
- ○ Setze sowohl Nah- als auch Fernkampfangriffe ein, um sicherzustellen, dass du deine Kombo beibehältst, während du zwischen Feinden wechselst.
- **Tipp**: Übe das Ausweichen vor Feinden, um den Fluss der Kills am Laufen zu halten, und zögere nicht, Hinrichtungen einzusetzen, um Feinde zu erledigen und den Schwung am Leben zu erhalten.

3. Henker

- **Beschreibung**: Führt 20 Ausführungen durch.
- **Freischaltung**: Exekutiere im Laufe des Spiels 20 Feinde.
- **Schritt für Schritt**:

- Setze deine Fernkampfwaffen ein, um Feinde zuerst zu schwächen und sie anfällig für Exekutionen zu machen.
- Wähle Begegnungen mit Bedacht und konzentriere dich auf schwächere Feinde, die leicht ins Taumeln geraten können.
- **Tipp**: Konzentriere dich im Rahmen deiner Kampfstrategie auf die Exekution von Feinden, um Gesundheit und Munition wiederherzustellen und die Anzahl deiner Exekutionen zu maximieren.

4. Geschwindigkeits-Dämon

- **Beschreibung**: Vervollständigen Sie eine Ebene innerhalb des Zeitlimits.
- **So entsperren Sie**: Beenden Sie jede Ebene, bevor der Timer abläuft.
- **Schritt für Schritt**:
    - Machen Sie sich mit dem Layout der einzelnen Ebenen vertraut und achten

Sie auf die Platzierung der Feinde und die Verknüpfungen.
  - Setze Waffen mit hohem Schaden gegen schwächere Feinde ein, um schnell den Weg freizumachen.
- **Tipp**: Laufen Sie ein paar Mal durch die Ebene, um zu üben und die schnellsten Wege und Routen zu den Zielen zu identifizieren.

5. Unberührbar

- **Beschreibung**: Schließe eine Schicht ab, ohne Schaden zu nehmen.
- **Wie man freischaltet**: Schließe jede Ebene ab, ohne von Feinden getroffen zu werden.
- **Schritt für Schritt**:
  - Achte genau auf die Angriffsmuster der Feinde und setze Ausweichmanöver effektiv ein.
  - Setze Fernkampfangriffe ein, um Feinde zu eliminieren, bevor sie dich erreichen können.

- **Tipp**: Studiere die Ebene vorher, um zu verstehen, wo Feinde spawnen und wie du Konfrontationen am besten vermeidest.

6. Sammler

- **Beschreibung**: Finde alle Sammlerstücke in einer einzigen Ebene.
- **Wie man freischaltet**: Lokalisieren Sie jeden Sammlergegenstand in einer beliebigen Ebene.
- **Schritt für Schritt**:
    - Verwenden Sie Hilfslinien oder Karten, um versteckte Bereiche und Geheimnisse zu finden.
    - Suche gründlich, bevor du zum nächsten Abschnitt der Ebene übergehst, da Sammlerstücke oft erkundet werden müssen.
- **Tipp**: Halte Ausschau nach zerstörbaren Wänden und versteckten Wegen, die zu Sammlerstücken führen können, da einige

Gegenstände nur auf diese Weise zugänglich sind.

7. Schatzjäger

- **Beschreibung**: Sammle im Laufe des Spiels eine bestimmte Anzahl seltener Gegenstände.
- **Freischaltung**: Sammle seltene Gegenstände, die in verschiedenen Schichten zu finden sind.
- **Schritt für Schritt**:
    - Seltene Gegenstände können durch das Besiegen bestimmter Feinde oder das Erkunden geheimer Bereiche gefunden werden.
    - Priorisiere Gebiete, die für ihre hohe Gegenstandsausbeute bekannt sind, basierend auf deinen Erfahrungen und Guides.
- **Tipp**: Wiederholt die Levels, um sicherzustellen, dass ihr alle verpassten Gegenstände sammelt, und konsultiert

Community-Ressourcen, um Tipps zu schwer zu findenden Sammlerstücken zu erhalten.

Herausforderungen im Spiel

Zusätzlich zu den Erfolgen bietet *Kill Knight* verschiedene Herausforderungen im Spiel, die die Spieler für Belohnungen bewältigen können. Hier sind einige bemerkenswerte Herausforderungen und Strategien, um sie effizient zu bewältigen:

Herausforderungen im Kampf

1. **Perfekte Parier-Herausforderung**
    - **Ziel**: Pariere erfolgreich 10 feindliche Angriffe hintereinander.
    - **Strategie**:
        - Mach dich mit dem Timing der feindlichen Angriffe vertraut und übe das Parieren in Umgebungen mit geringerem Einsatz, bevor du es in härteren Kämpfen versuchst.

- Konzentriere dich auf die Bewegungen der Feinde und sei geduldig, während du auf den richtigen Moment wartest, um zu parieren.

2. **Keine Kill-Herausforderung**
   - **Ziel**: Schließe eine Ebene ab, ohne Feinde zu töten.
   - **Strategie**:
     - Nutze Stealth-Mechaniken und Ausweichen, um Feinde zu umgehen und nicht entdeckt zu werden.
     - Suche nach Wegen, die zu Zielen führen, ohne Feinde direkt konfrontieren zu müssen.

3. **Überlebende**
   - **Ziel**: Schließe eine Ebene mit weniger als 50 % verbleibender Gesundheit ab.
   - **Strategie**:

- Behalten Sie ein aggressives Spiel bei, ohne unnötige Risiken einzugehen.
- Nutze Hinrichtungen, um Gesundheit wiederherzustellen, und konzentriere dich darauf, Schaden bei Begegnungen zu vermeiden.

Herausforderungen bei der Exploration

1. **Verborgene Geheimnisse**
   - **Ziel**: Finde alle verborgenen Bereiche in einer Ebene.
   - **Strategie**:
     - Verwende akustische Hinweise und visuelle Hinweise, um versteckte Gänge zu finden.
     - Suchen Sie nach zerstörbaren Wänden und Bereichen, die möglicherweise einzigartige Zugangsansätze erfordern.

2. **Umweltbewußtsein**
   - **Ziel**: Nutze erfolgreich Umweltgefahren, um Feinde eine bestimmte Anzahl von Malen zu besiegen.
   - **Strategie**:
     - Identifiziere Bereiche mit Fallen, wie z. B. Stacheln oder einstürzenden Strukturen, und locke Feinde in diese Gefahren.
     - Nutzen Sie die Umgebung, um sich einen Vorteil zu verschaffen, und vermeiden Sie direkte Konfrontationen, wenn möglich.
3. **Lore-Sammler**
   - **Ziel**: Sammle alle im Spiel verstreuten Lore-Teile.
   - **Strategie**:
     - Achte bei deiner Erkundung auf Bücherregale, uralte Folianten

und Gegenstände, die Überlieferungen liefern könnten.
- Besucht frühere Ebenen mit neuen Fähigkeiten, um Zugang zu bisher unerreichbaren Bereichen mit Überlieferungen zu erhalten.

Tipps zum Freischalten von Erfolgen und Abschließen von Herausforderungen

- **Nimm dir Zeit**: Erfolge und Herausforderungen sind so konzipiert, dass sie im Laufe des Spiels abgeschlossen werden. Es gibt keine Eile – genießen Sie die Reise und konzentrieren Sie sich darauf, Ihre Fähigkeiten zu verbessern.
- **Spielen Sie zum Üben auf niedrigeren Schwierigkeitsgraden**: Wenn Sie mit bestimmten Erfolgen zu kämpfen haben,

sollten Sie in Erwägung ziehen, auf einen niedrigeren Schwierigkeitsgrad zu wechseln, um die Aufgaben leichter zu bewältigen. Du kannst später immer noch zu höheren Schwierigkeitsgraden zurückkehren.

- **Konzentrieren Sie sich auf einen Erfolg nach dem anderen**: Anstatt zu versuchen, mehrere Erfolge in einem Durchgang abzuschließen, konzentrieren Sie sich auf einen nach dem anderen, um die Effizienz zu maximieren. Wenn du zum Beispiel "Speed Demon" anstrebst, setze dir das Ziel, diese Ebene schnell zu beenden, bevor du zu anderen Aufgaben übergehst.

- **Ressourcen mit Bedacht einsetzen**: Verwalte bei Kampfherausforderungen Gesundheitspakete und Munition effektiv. Bewerten Sie immer Ihre Ressourcen, bevor Sie sich in harte Schlachten stürzen.

- **Übung macht den Meister**: Viele Erfolge erfordern spezifische Fähigkeiten. Übe diese

Fähigkeiten in einfacheren Begegnungen, um dein Selbstvertrauen aufzubauen und deine Fähigkeiten zu verbessern.

- **Hole dir Hilfe aus** der Community: Wenn du bei einer bestimmten Errungenschaft oder Herausforderung nicht weiterkommst, solltest du dich *über Foren, Discord-Server oder soziale Medien an die Kill Knight-Community wenden, um Tipps und Strategien von Mitspielern zu erhalten.*

Kapitel 10

FAQs und häufige Probleme mit Spielern

Willkommen im FAQ-Bereich zu *Kill Knight*, in dem wir uns mit häufig gestellten Fragen und Problemen befassen, auf die Spieler auf ihrer Reise durch den Abgrund stoßen können. Dieser Leitfaden soll Ihnen beruhigende Unterstützung und praktische Lösungen bieten, um sicherzustellen, dass Sie eine zuverlässige Anleitung erhalten, während Sie die Herausforderungen des Spiels meistern. Vom Umgang mit harten Feinden bis hin zur Optimierung der Gameplay-Einstellungen sind wir für dich da.

Häufige Fragen und Lösungen

1. Wie gehe ich mit harten Gegnern um?

- **Schwächen identifizieren**: Jeder Gegnertyp in *Kill Knight* hat spezifische Schwachstellen. Zum Beispiel sind Schattenkrabbler anfällig für Feuerangriffe, während Qualritter durch Schläge auf ihre Schwachstellen ins Taumeln gebracht werden können. Machen Sie sich mit dem Verhalten der Feinde vertraut und passen Sie Ihre Strategien entsprechend an.
- **Verwende Massenkontrolle**: Wenn du mehreren Feinden gegenüberstehst, nutze Flächenwaffen wie den Höllengranatwerfer. Dies kann Gruppen schnell ausdünnen und ermöglicht es dir, dich auf härtere Feinde zu konzentrieren.
- **Verbessere deine Waffen**: Stelle sicher, dass deine Waffen angemessen aufgerüstet sind. Priorisiere Upgrades, die den Schadensausstoß, die Geschwindigkeit oder Spezialeffekte erhöhen, die die Schwächen des Gegners ausnutzen.

2. Welche Einstellungen sollte ich für verschiedene Plattformen optimieren?

- **PC-Einstellungen**:
  - Passen Sie die Grafikeinstellungen basierend auf Ihren Hardwarefunktionen an. Das Verringern der Texturqualität und das Deaktivieren von Antialiasing können die Leistung verbessern, wenn Verzögerungen auftreten.
  - Stellen Sie die Auflösung so ein, dass sie der nativen Auflösung Ihres Monitors entspricht, um die beste Grafik zu erzielen.
- **Konsolen-Einstellungen**:
  - Stellen Sie sicher, dass Ihre Konsole über das neueste Firmware-Update verfügt, da dies die Spielleistung beeinträchtigen kann.
  - Passen Sie die Helligkeitseinstellungen an, um sicherzustellen, dass Sie in

dunkleren Bereichen des Spiels gut sehen können.

- **Allgemeine Tipps**: Unabhängig von der Plattform sollten Sie eine kabelgebundene Verbindung für das Online-Spiel verwenden, um die Latenz zu reduzieren. Außerdem solltest du immer nach Spielupdates Ausschau halten, da Patches oft Leistungsverbesserungen und Fehlerbehebungen enthalten.

3. Wie kann ich häufige Herausforderungen im Spiel meistern?

- **Bosskämpfe**: Übung macht den Meister. Lerne die Angriffsmuster der einzelnen Bosse und experimentiere mit verschiedenen Strategien, bis du herausfindest, was für dich funktioniert. Zögere nicht, vorherige Layer erneut zu spielen, um mehr Erfahrung und Ressourcen zu sammeln.

- **Zeitlich begrenzte Herausforderungen**: Machen Sie sich mit dem Layout des Layers vertraut, um Ihren Weg zu optimieren. Geschwindigkeit ist entscheidend; Erwäge, ein Loadout mit hohem Schaden zu verwenden, um Feinde schnell zu eliminieren und dich auf die Ziele zu konzentrieren.
- **Hinrichtungsherausforderungen**: Bei Herausforderungen, bei denen es um Hinrichtungen geht, konzentriere dich zuerst darauf, Feinde ins Taumeln zu bringen, um sie anfällig für die Hinrichtung zu machen. Behalten Sie den Überblick über die feindlichen Positionen, um Exekutionen effizient zu verketten.

4. **Was soll ich tun, wenn ich auf Fehler oder Leistungsprobleme stoße?**

- **Spielabstürze**: Wenn das Spiel häufig abstürzt, versuchen Sie die folgenden Schritte:

- **Spieldateien überprüfen**: Wenn du auf dem PC spielst, verwende die Funktion deines Game Launchers, um die Integrität der Spieldateien zu überprüfen. Dadurch können beschädigte oder fehlende Dateien repariert werden.
- **Installieren Sie das Spiel neu**: Als letzten Ausweg sollten Sie das Spiel deinstallieren und neu installieren. Dadurch können hartnäckige Probleme behoben werden, die durch die Überprüfung möglicherweise nicht behoben werden können.

- **Performance Lag**: Wenn du während des Spiels Lags erlebst:
  - **Hintergrundanwendungen schließen**: Stellen Sie sicher, dass während des Spielens keine unnötigen Anwendungen ausgeführt werden, da

diese Systemressourcen verbrauchen können.

- ○ **Niedrigere Grafikeinstellungen**: Passen Sie Ihre Grafikeinstellungen auf niedrigere Werte an, um ein flüssigeres Erlebnis zu erzielen, insbesondere auf Low-End-Hardware.
- **Stottern oder Probleme mit der Bildrate**: Versuchen Sie, V-Sync in den Einstellungen zu deaktivieren, da dies manchmal die Leistung verbessern kann. Wenn Sie an einer Konsole arbeiten, stellen Sie sicher, dass Ihr System gut belüftet ist, um eine Überhitzung zu vermeiden.

5. Wie kann ich meine Fähigkeiten verbessern?

- **Übung**: Verbringe Zeit in einfacheren Schichten, um deine Kampffähigkeiten zu verfeinern und mit verschiedenen Waffen und Strategien zu experimentieren. Das

Verständnis der feindlichen Muster ist der Schlüssel zur Beherrschung des Kampfes.

- **Studiere die Gegnertypen**: Notiere dir die Stärken und Schwächen jedes Feindes. Wenn du verstehst, was gegen bestimmte Feinde funktioniert, kannst du in schwierigeren Begegnungen Zeit und Ressourcen sparen.
- **Community-Guides und -Videos**: Schau dir Gameplay-Videos an oder lies Guides aus der Community. Das Lernen von erfahrenen Spielern kann neue Strategien und Erkenntnisse liefern, die Ihr Gameplay verbessern können.

6. Gibt es eine Möglichkeit, meinen Fortschritt zurückzusetzen oder neu zu beginnen?

- **Überprüfen Sie die Spieleinstellungen**: Suchen Sie im Einstellungsmenü nach einer Option zum Zurücksetzen des Fortschritts. Diese Funktion befindet sich in der Regel auf der Registerkarte "Profil" oder "Spiel".

- **Sichern Sie Ihre Speicherdaten**: Wenn Sie sich nicht sicher sind, sichern Sie Ihre Speicherdateien, bevor Sie sie zurücksetzen. Auf diese Weise können Sie Ihren Fortschritt bei Bedarf wiederherstellen.

Abschließende Zusicherungen

Das Navigieren durch die Herausforderungen von *Kill Knight* kann entmutigend sein, aber mit den richtigen Strategien und Ressourcen kannst du jedes Hindernis überwinden. Denk daran, dass du nicht allein bist – viele Spieler standen schon vor ähnlichen Herausforderungen, und die Community steckt voller Tipps und Unterstützung. Nimm jeden Rückschlag als Chance, zu lernen und als Spieler zu wachsen.

Wenn Sie auf Probleme stoßen, die in diesem Leitfaden nicht behandelt werden, sollten Sie sich an das Support-Team des Spiels wenden oder sich online mit der Community in Verbindung setzen. Deine Reise durch den Abgrund hat gerade erst begonnen, und mit Entschlossenheit und Widerstandsfähigkeit wirst du dich der Herausforderung stellen.

Bereite dich auf das abschließende Kapitel vor, in dem wir in die **Geheimnisse des Abgrunds** eintauchen und verborgene Geschichten, Easter Eggs und Einblicke aufdecken, die deine Erfahrung in der Welt von *Kill Knight bereichern werden*. Lassen Sie uns die Geheimnisse erkunden, die auf Sie warten!

Kapitel 11

Abschließende Ratschläge zur Eroberung des Abgrunds

Während du am Abgrund deiner Reise durch den unheimlichen Abgrund von *Kill Knight stehst*, ist es an der Zeit, über die Schlüsselstrategien nachzudenken, die dich bei der Bewältigung dieser gewaltigen Herausforderung unterstützen werden. Der Weg mag voller Gefahren sein, aber mit Wissen und Entschlossenheit können Sie als Sieger hervorgehen. Dieses abschließende Kapitel wird wichtige Taktiken verstärken, motivierende Ermutigung bieten und den Wert der Gemeinschaft hervorheben, während du dein Abenteuer fortsetzt.

Schlüsselstrategien zum Überleben

1. Kill Power meistern

Das Verständnis und die effektive Nutzung **von Kill Power** ist entscheidend für deinen Erfolg in *Kill Knight*. Dieses dynamische System belohnt aggressives Spiel und ermöglicht es Ihnen, das Blatt in intensiven Begegnungen zu wenden. Hier sind einige wichtige Punkte, die Sie sich merken sollten:

- **Kill-Power aufbauen und aufrechterhalten**: Konzentriere dich darauf, Kills zu verketten und Feinde zu exekutieren, um deine Kill-Power-Anzeige aufzubauen. Je höher deine Kill Power, desto verheerender werden deine Angriffe.
- **Strategische Aktivierung**: Nutze Kill Power in kritischen Momenten – wenn du mehreren Feinden gegenüberstehst oder während Bosskämpfen –, um ihre Wirkung zu maximieren. Das richtige Timing kann eine verzweifelte Situation in eine vorteilhafte verwandeln.

2. Ressourcenmanagement

Effizientes Ressourcenmanagement kann über Erfolg oder Misserfolg deiner Erfahrung in *Kill Knight* entscheiden. Beachten Sie diese Tipps:

- **Gesundheitspakete und Munition**: Achte immer auf deine Gesundheit und deinen Munitionslevel. Nutze Hinrichtungen, um Gesundheit wiederherzustellen und Munition zu sammeln, damit du immer auf die nächste Begegnung vorbereitet bist.
- **Planen Sie im Voraus**: Bevor Sie eine neue Ebene betreten oder sich einem Chef stellen, bewerten Sie Ihre Ressourcen und passen Sie Ihre Strategie entsprechend an. Wenn du wenig Lebenspunkte hast, solltest du konservativer spielen und dich auf das Ausweichen konzentrieren, bis du dich erholen kannst.

3. Anpassungsfähigkeit im Kampf

Die Fähigkeit, deine Strategien an verschiedene Feinde und Situationen anzupassen, ist von entscheidender Bedeutung. Merken:

- **Kenne deine Feinde**: Jeder Feind hat einzigartige Angriffsmuster und Schwachstellen. Nehmen Sie sich die Zeit, diese Eigenschaften zu erlernen, um ihren Stärken effektiv entgegenzuwirken und ihre Schwächen auszunutzen.
- **Flexibilität bei der Ausrüstung:** Experimentiere mit verschiedenen Waffenkombinationen und passe deine Ausrüstung an die Herausforderungen an, denen du gegenüberstehst. Ein ausgewogener Ansatz, der Nahkampf-, Fern- und Spezialwaffen umfasst, wird dir in verschiedenen Begegnungen gute Dienste leisten.

Motivierende Empfehlung

Während du dich in der Komplexität von *Kill Knight* zurechtfindest, ist es wichtig, daran zu denken, dass die Reise hart sein kann, aber jede Herausforderung, der du dich stellst, eine Gelegenheit ist, zu wachsen. Hier sind einige motivierende Gedanken, die Sie mit sich herumtragen sollten:

- **Nimm die Schwierigkeit an**: Lass dich nicht von der herausfordernden Natur des Spiels entmutigen. Jeder Rückschlag ist eine Lektion, die dich auf zukünftige Begegnungen vorbereitet. Die Befriedigung, die sich aus dem Überwinden harter Bosse und kniffliger Schichten ergibt, ist beispiellos und die Mühe wert.

- **Feiere kleine Siege**: Der Fortschritt in *Kill Knight* beinhaltet zahlreiche kleine Siege, sei es das Meistern eines neuen Gegnertyps, das effiziente Abschließen einer Ebene oder das Freischalten eines Erfolgs. Erkennen Sie diese

Momente und nutzen Sie sie als Treibstoff, um voranzukommen.

- **Die Freude an der Meisterschaft**: Es ist eine immense Befriedigung, ein Spiel zu meistern, das deine Fähigkeiten auf die Probe stellt. Je mehr du über die Mechaniken und Strategien lernst, desto fähiger wirst du. Jeder Moment, den du damit verbringst, deine Fähigkeiten zu verbessern, bringt dich der Eroberung des Abgrunds näher.

Werden Sie Teil der Community

Denken Sie daran, dass Sie auf dieser Reise nicht allein sind. Die *Kill Knight*-Community ist voll von leidenschaftlichen Spielern, die ihre Erfahrungen, Strategien und Erkenntnisse teilen möchten. Der Austausch mit anderen kann dir neue Perspektiven und Motivation bieten, während du das Spiel weiter erkundest.

- **Online-Foren und Discord-Gruppen**: Verbinde dich mit anderen Spielern, um Tipps auszutauschen, Strategien zu diskutieren und sogar Koop-Spiele zu organisieren. Von denen zu lernen, die vor ähnlichen Herausforderungen standen, kann Ihnen helfen, Ihre Fähigkeiten und Ihren Ansatz zu verfeinern.
- **Community-Herausforderungen**: Nimm an Community-Herausforderungen und Events teil, die zusätzliche Ziele bieten und gleichzeitig den Zusammenhalt unter den Spielern fördern können. Das Gemeinschaftsgefühl kann deine Erfahrung bereichern und wertvolle Unterstützung bieten, wenn ihr gemeinsam den Abgrund bezwingt.

Kapitel 13

Anhang

Willkommen im *Kill Knight* Appendix, Ihrem Kurzanleitungstool, mit dem Sie Ihr Spielerlebnis verbessern können. Dieser Abschnitt enthält ein Glossar mit Schlüsselbegriffen, einen Waffen- und Feindindex und zusätzliche Ressourcen für Spieler, die tiefer in das *Kill Knight-Universum eintauchen möchten* . Egal, ob du während des Spiels nach spezifischen Informationen suchst oder mit der Community in Kontakt treten möchtest, in diesem Anhang bist du genau richtig.

Glossar der Schlüsselbegriffe

- **Kill Power**: Eine dynamische Anzeige, die sich mit aufeinanderfolgenden Kills und Hinrichtungen erhöht und Spielern während des Kampfes mehr Geschwindigkeit und Schadensausstoß gewährt.

- **Killstream-Kombo**: Eine Punktemechanik, die Spieler für das Aneinanderreihen von Kills ohne Unterbrechung belohnt. Je höher die Kombo, desto größer der Punktemultiplikator.
- **Exekutionen**: Spezielle Finishing-Moves, die an geschwächten Gegnern ausgeführt werden können, Gesundheit und Munition wiederherstellen und Bonuspunkte gewähren.
- **Bosse**: Große Feinde, die im Spiel eine große Herausforderung darstellen. Jeder Boss hat einzigartige Angriffsmuster und Schwächen, die erlernt werden müssen, um sie erfolgreich zu besiegen.
- **Ebenen**: Unterschiedliche Abschnitte des Spiels, jeder mit seinen eigenen Feinden, Herausforderungen und Umgebungseinstellungen. Die Spieler müssen durch alle Ebenen navigieren, um das Spiel abzuschließen.

- **Umweltgefahren**: Elemente im Spiel, die verwendet werden können, um Feinden Schaden zuzufügen, wie z. B. Stacheln, einstürzende Wände und Fallen.
- **Sammlerstücke**: Versteckte Gegenstände im Spiel, die beim Sammeln Überlieferungen, Boni oder Erfolge bieten.
- **Eldritch**: Ein Begriff, der verwendet wird, um die dunklen, übernatürlichen Elemente im Spiel zu beschreiben, die sich oft auf die jenseitigen Themen und Ästhetiken beziehen.

Waffen- und Feindverzeichnis

Waffen-Index

1. **Arkane Pistole**
    - **Typ**: Standard
    - **Stärken**: Hohe Genauigkeit, gut für den Kampf auf mittlere Distanz.
    - **Schwächen**: Begrenzte Stoppkraft gegen gepanzerte Gegner.

2. **Klinge des Henkers**
   - **Typ**: Schwer
   - **Stärken**: Hoher Schaden, effektiv gegen gepanzerte Feinde.
   - **Schwächen**: Langsame Schwunggeschwindigkeit, die dich verwundbar machen kann.
3. **Höllischer Granatwerfer**
   - **Typ**: Schwer
   - **Stärken**: Flächenschaden, ideal für Massenkontrolle.
   - **Schwächen**: Begrenzte Munition, Flächenschaden kann dich verletzen.
4. **Leeren-Kanone**
   - **Typ**: Spezial
   - **Stärken**: Hoher Burst-Schaden, effektiv gegen unheimliche Gegner.
   - **Schwächen**: Langsame Feuerrate, erfordert Aufladung.
5. **Fluch des Himmels**
   - **Typ**: Spezial

- **Stärken**: Zusätzlicher Schaden gegen den letzten Engel.
- **Schwächen**: Begrenzter Nutzen gegen normale Feinde.

Feinde Index

1. **Grundlegendes Grauen**
   - **Beschreibung**: Niedrigstufiger Feind, leicht zu besiegen.
   - **Schwäche**: Standard-Nahkampfangriffe funktionieren effektiv.
2. **Schatten-Krabbler**
   - **Beschreibung**: Sich schnell bewegender Feind, der Spieler flankieren kann.
   - **Schwäche**: Anfällig für feuerbasierte Angriffe.
3. **Qual-Ritter**

- **Beschreibung**: Schwer gepanzerter Gegner mit mächtigen Nahkampfangriffen.
- **Schwäche**: Angriffen kann ausgewichen werden, um Schwachstellen aufzudecken.

4. **Kreischen**
   - **Beschreibung**: Fernkampfangreifer, die Spieler verwirren können.
   - **Schwäche**: Ziele mit hoher Priorität, am besten schnell erledigt.

5. **Empfindungsfähiger Wächter**
   - **Beschreibung**: Mini-Boss mit mehreren Angriffsmustern.
   - **Schwäche**: Seine Augen sind Schwachstellen; ziele zuerst auf sie.

6. **Der letzte Engel**
   - **Beschreibung**: Endgegner mit verheerenden Angriffen.
   - **Schwäche**: Zielt auf die Flügel, um seine Beweglichkeit zu verringern.

Zusätzliche Ressourcen

- **Community-Foren**: Tausche dich mit anderen Spielern aus, tausche Strategien aus und diskutiere deine Erfahrungen in Foren wie Reddits /r/KillKnight.
- **Discord-Server**: Tritt engagierten *Kill Knight-Discord-Communities bei* , um Spieler für Koop-Herausforderungen zu finden, Tipps auszutauschen und über Spielnachrichten auf dem Laufenden zu bleiben.
- **Offizielle Spielanleitungen**: Auf der offiziellen *Kill Knight-Website* findet ihr detaillierte Anleitungen, Updates und Patchnotes.
- **YouTube-Kanäle**: Folge Content-Creatorn, die sich auf das Gameplay von *Kill Knight* spezialisiert haben . Kanäle bieten oft Tutorials, Walkthroughs und Gameplay-Tipps, um dein Erlebnis zu verbessern.
- **Soziale Medien**: Folge *Kill Knight* auf Plattformen wie Twitter und Instagram, um

Updates, Community-Highlights und Veranstaltungsankündigungen zu erhalten.

www.ingramcontent.com/pod-product-compliance
Lightning Source LLC
Chambersburg PA
CBHW052252220526
45471CB00001B/302